PEINTURE MURALE

Bourges, imp. Marguerith-Dupré.

DE LA

PEINTURE MURALE

Dans les Monuments religieux du Moyen-Age

ET DES

FRESQUES DE L'ÉGLISE DE CHARLY

(Cher)

Par l'abbé P. M. LENOIR, chanoine honoraire, membre de la Société Française d'archéologie, membre de plusieurs comités historiques, artistiques et archéologiques.

BOURGES

E. JUST-BERNARD, LIBRAIRE-ÉDITEUR, RUE COURSARLON

1868

Avertissement de l'Éditeur.

Le modeste travail, que nous livrons au public, n'était pas destiné à recevoir les honneurs de l'impression. On conçoit en effet qu'un sujet aussi difficile et aussi étendu que celui-la méritait une étude plus complète et plus approfondie, et qu'une simple exquisse faite à vol d'oiseau, ne saurait donner une idée parfaite de l'art de la peinture murale. L'auteur éloigné des grandes bibliothèques et manquant de presque tous les matériaux nécessaires, ne s'était proposé d'abord que d'adresser des notes au comité d'histoire et d'Archéologie fondé à Bourges par le zélé Pontife, qui gouverne le diocèse, et de fournir quelques documents sur l'ancienne église de Charly (Cher), dont la restauration, poursuivie avec persévérance depuis quatorze ans, avait amené la précieuse découverte de peintures murales du douzième siècle.

L'étude de ces peintures, de leur sens allégorique et mystique, et des procédés employés pour leur exécution amenèrent naturellement l'écrivain à rechercher l'école qui avait dû les produire, et les influences traditionnelles auxquelles elle avait dû se soumettre dans leur exécution. C'est ainsi que sans s'en douter, il fut entrainé et conduit à la recherche des origines de la peinture murale, en si grand honneur encore aujourd'hui dans l'église Grecque.

Ces origines, il les retrouve dans les tombeaux vénérables des martyrs, dans les voûtes sacrées des catacombes Romaines; et remontant plus haut encore, il remarque avec étonnement, que les fresques des catacombes ne sont rien autre chose dans le sens catholique et chrétien, qu'une imitation des peintures si curieuses des catacombes primitives qui ont servi de sépulture aux anciennes dynasties Egyptiennes des Pharaons. Et ce qu'il y a de plus surprenant, c'est qu'à aucune époque, l'usage de la peinture murale n'a été en aussi grand honneur que chez les habitants de la haute Egypte, ni employé sur une aussi grande échelle. Et de même que nos plus grands édifices perdent leurs proportions grandioses auprès des monuments gigantesques de Thébes et de Memphis, on peut dire aussi que nos peintures murales les plus considérables, ne sont que de mesquins tableaux en comparaison des immenses décorations qu'on retrouve, encore dans les hypogées et les temples Egyptiens.

Après avoir recherché les origines de la peinture murale dans les monuments religieux, il était non moins intéressant de faire connaître les causes de sa décadence et de sa disparition parmi nous, tandis qu'elle était toujours en honneur chez les Orientaux, et qu'en Italie elle renaissait plus belle et plus brillante que jamais, et enfantait les merveilles du siècle de Léon X.

C'est ce qu'a fait l'auteur d'une manière rapide, arrivant ainsi à l'époque de la décadence de l'art, et aux récentes et nombreuses découvertes de fresques et de peintures murales dans les monuments religieux, principalement en Berry.

C'est ainsi que l'étude des fresques d'une modeste église du diocèse de Bourges, a fourni l'occasion d'un travail qui ne saurait être sans intérêt au point de vue artistique et religieux.

De nombreuses notes ont été ajoutées au texte. Elles renferment des documents historiques sur les monuments religieux du Berry, et des explications sur le symbolisme chrétien puisées aux meilleures sources. Les notions archéologiques y sont élémentaires, et le lecteur le moins initié aux études de l'art catholique au Moyen-âge en comprendra le sens sans aucune difficulté, et désirera connaître de plus en plus une science, qu'il n'est plus permis d'ignorer aujourd'hui.

Tel est le travail que nous livrons au public et qui a été

lu en partie, dans une des séances générales de la société française d'Archéologie tenue à Bourges le neuf mars **1868**, sous la présidence de Monseigneur l'Archevêque, avec le concours des antiquaires du centre de la France convoqués par M. de Caumont le fondateur des congrès archéologiques.

Un extrait de ce rapport, qui provoqua d'unanimes applaudissements et les félicitations du président Hiver, fut déposé entre les mains du secrétaire de la société française, pour être publié plus tard dans le compte-rendu des séances du congrès Archéologique de France ; mais de nombreux amis de l'auteur le prièrent d'en permettre séparément l'impression in extenso, en affirmant que sa publication serait utile et sa lecture agréable, principalement aux Berruyers. Monseigneur De La Tour d'Auvergne de son côté demanda à relire avec soin, dans le silence du cabinet, un manuscrit qui paraisssait être le fruit d'un travail consciencieux, quoique rapidement ébauché ; et le 7 mai 1868, en le renvoyant à son auteur, il lui fit écrire par son premier vicaire genéral; ces quelques mots qui sont tout à la fois un éloge et une approbation :

« J'ai l'honneur, Monsieur le curé, de vous retourner votre beau travail sur les peintures murales de Charly. Monseigneur vous remercie et vous félicite. »

Ces quelques mots d'un pontife ami des arts et des études Archéologiques dispensent de tout commentaire.

J.-B.

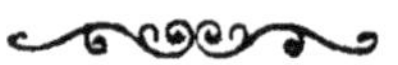

DE LA

PEINTURE MURALE

Dans les Monuments religieux du Moyen-Age

ET DES

FRESQUES DE L'EGLISE DE CHARLY

(Cher.)

De tous les arts du Moyen-âge, la peinture est celui dont les monuments sont les plus rares en France; et cependant il est certain que la plupart de nos églises, même les plus modestes, ont été autrefois revêtues d'une ornementation coloriée, et que leurs voûtes et leurs murailles enduites aujourd'hui d'un badigeon uniforme, présentaient de vastes compositions peintes à la fresque ou à la détrempe. « On ne comprend pas le Moyen-» âge, dit M. Vitet dans son rapport adressé en » 1831 au ministère de l'intérieur ; on se fait

» l'idée la plus mesquine et la plus fausse de ces
» grandes créations d'Architecture et de Sculpture,
» si dans la pensée on ne les rêve pas couverts
» du haut en bas de couleurs et de dorures. »

Comment croire, en effet, que les hommes illustres, qui ont couvert notre sol de monuments immortels, eussent dédaigné un art en honneur avant eux, et si propre à embellir leurs travaux, dans un pays surtout où la pauvreté des matériaux était notoire, et où il fallait remplacer les marbres et les mosaïques par une surface froide et uniforme. Puis comment se persuader qu'au Moyen-âge on eut renoncé chez nous à reproduire dans les églises, au moyen de la peinture, les épisodes de l'Histoire Sainte ou la vie des héros du Christianisme, puisque partout à cette époque on retrouve cet art cultivé avec soin dans l'Eglise Grecque, et que nos monuments attestent aussi son existence sur le sol français. Penser et raisonner de la sorte serait nier l'évidence et méconnaître en même temps l'esprit de l'Eglise, qui dans tous les temps a enseigné à ses enfants les vérités religieuses de deux manières, en parlant à leur esprit par la voix de ses prédicateurs, et à leurs yeux par les images. Les premiers papes dans les Catacombes n'avaient pas employé une autre méthode d'enseignement, et en cela ils n'avaient fait que suivre l'exemple des anciens peuples et surtout des Orientaux, dont les monuments religieux étaient presque toujours enrichis de peintures.

I

L'usage de la peinture murale dans les monuments religieux remonte à la plus haute antiquité. Plus de quatorze cents ans avant l'ère chrétienne, on la trouve déjà mise en pratique chez les Egyptiens, pour la décoration de leurs temples et de leurs tombeaux. Les voyageurs qui visitent la haute Egypte et les ruines gigantesques de l'ancienne Thèbes, la capitale des Pharaons, retrouvent encore debout plusieurs de ses temples avec leurs splendides décorations, que ni la main des hommes, ni l'action du temps n'a pu détruire après plus de trente siècles. Presque partout, nous dit M. Eugène Poitou, voyageur contemporain dans la haute Egypte, les couleurs appliquées sur les sculptures, soit en creux, soit en relief, subsistent encore avec leur éclat et leur vivacité première. « En beaucoup d'endroits on les dirait posées d'hier, tant elles sont fraîches et brillantes. Jamais peuple n'a appliqué sur une aussi grande échelle l'art de l'architecture peinte ; et il faut convenir que même dans l'état de dégradation actuel, l'effet en est vraiment grandiose. Toutes les colonnes de ces temples, toutes ces murailles semblent comme animées et vivantes ; ces longues galeries semblent remplies d'un peuple de rois, de prêtres et de guerriers, et l'on croit voir se lever, de dessous les dalles usées par les siècles, toutes les pompes guerrières des Pharaons. »

Le même genre de décoration se retrouve dans les hypogées, ou tombeaux des rois, creusés dans les flancs de la chaîne Lybique près des ruines de Thèbes. Il faudrait des volumes pour décrire ces monuments uniques dans le monde. Partout le long des vastes galeries, aux prières et aux inscriptions pieuses, se mêlent des tableaux symboliques. Ainsi dans le tombeau de Rhamsés-le-Grand, on remarque à côté du tableau du Jugement de l'âme, de curieuses figures qui représentent ce que nous nommons les péchés capitaux. La paresse, la luxure, la gourmandise, sont figurées par des personnages humains à tête de tortue, de bouc et de crocodille. La salle du sarcophage est ornée de peintures plus riches que les autres

Ces peintures couvrent des plafonds immenses. Il est impossible, à qui ne les a pas vues, d'imaginer quel éclat, quelle fraîcheur ont conservées ces couleurs posées sur la pierre il y a trente siècles (1).

Dans quelques-uns de ces hypogées, on a retrouvé aussi des sculptures primitives recouvertes d'une couche d'enduit sur lequel étaient peintes des images chrétiennes. Ces peintures sont l'œuvre des pieux anachorètes, qui aux premiers siècles de l'église étaient venus chercher dans ces déserts et jusque dans ces caveaux funèbres l'oubli du

(1) Champollion qui a habité pendant deux ans un de ces sépulcres, en a fait dans ses lettres sur l'Egypte, une description aussi complète et aussi fidèle que possible. Donnons une idée sommaire de leur décoration qui dans tous est systématiquement reproduite, et ne diffère que par la délicatesse du travail ou la richesse de la peinture. Sur le bandeau de la porte d'entrée est sculpté un bas-relief où le Pharaon est symbolisé dans le soleil à tête de bélier, c'est-à-dire le soleil couchant et entrant dans l'hémisphère inférieur, image de la mort. A côté de lui est sculpté le scarabée, qui était chez les Egyptiens le symbole de la régénération, ou des renaissances successives. Plus loin, et comme pour rassurer le roi sur le funèbre augure que fait naître le tombeau, on voit le dieu Phré, c'est-à-dire le soleil dans tout l'éclat de sa course, qui lui adresse des paroles de consolation et lui fait de magnifiques promesses : « Nous t'accordons une longue « série de jours, pour régner sur le monde et exercer les attri-« butions royales d'Horus sur la terre. »

Partout le long des corridors et des salles, aux prières et aux inscriptions pieuses se mêlent des tableaux symboliques. Ces tableaux représentent l'histoire de l'âme après la mort, les épreuves qu'elle traverse, les jugements qu'elle subit ; ce que les rituels funéraires appellent la vie après la mort. On voit dans leur long et pénible voyage, la foule des âmes passer à travers l'eau et le feu ; on les voit soumises à des supplices, mutilées, décapitées, puis rappelées à la vie. Ailleurs elles se reposent

monde, la paix des passions, et les contemplations de la vie chrétienne. Tels sont les récits des voyageurs contemporains tels que Poitou et Mariette, qui confirment toutes les découvertes de Champollion.

Il est donc évident que l'usage de décorer les murailles des temples et des tombeaux remonte à la plus haute antiquité. Cet usage fut adopté par les Grecs, qui l'avaient pris des Egyptiens, et aussi par les Romains pour la décoration de leurs temples. Les chrétiens en l'adoptant pour leurs monuments religieux, n'ont fait que se conformer

dans des champs couverts d'arbres et de moissons. L'âme qui d'abord a fait seule sa pérégrination, et a subi les transformations diverses, finit par se réunir à son corps, qui lui est devenu nécessaire pour la fin de son voyage. C'est pour cette raison que chez les Egyptiens, le soin de l'embaumement et la conservation des corps étaient choses si importantes : il faut que l'âme retrouve son compagnon intact et disposé à s'associer à ses dernières épreuves.

Plus loin on voit la comparution de l'âme du Pharaon devant Osiris assis sur son trône et assisté de ses quarante-deux terribles assesseurs. Chacun d'eux interroge à son tour le défunt qui plaide lui-même sa cause devant le tribunal suprême. « Je n'ai « pas commis de fautes, s'écrie le mort. Je n'ai pas blasphémé, « Je n'ai pas trompé, Je n'ai pas volé. Je n'ai traité personne « avec cruauté. Je ne me suis pas enivré. Je n'ai pas rongé mon « cœur d'envie, »

Ce qui suit est encore plus remarquable : « Je n'ai pas retiré « le lait de la bouche des nourrissons. Je n'ai pas fait de mal à « mon esclave, en abusant de ma supériorité sur lui. J'ai fait aux « dieux les offrandes prescrites. J'ai donné à manger à celui qui « avait faim ; j'ai donné à boire à celui qui avait soif ; j'ai fourni « des vêtements à celui qui était nu. » Voici ce qui se voit et se lit dans les tombeaux Egyptiens. Qu'on cherche dans tout le monde ancien : on n'y trouvera pas une pareille expression du sentiment et du devoir de la charité.

à des traditions établies longtemps avant eux. Ce moyen, du reste, était le plus naturel et le plus facile pour conserver intactes les croyances religieuses. C'était un livre ouvert où chacun pouvait lire, et les premiers chrétiens tout en célébrant les saints mystères dans les catacombes, et en y déposant les reliques des martyrs, ont tracé sur la voûte de ces galeries vénérables tout le programme de décoration qu'on devait suivre et imiter plus tard, surtout au onzième et au douzième siècle (1).

(1) En pénétrant dans les voies ténébreuses des Catacombes, dit M. Ozanam, on apprenait à se séparer de tout ce qui est visible. Le cimetière y enveloppait tout le reste, comme l'éternité enveloppe le temps; et les oratoires pratiqués de distance en distance pour la célébration des saints mystères étaient autant de jours ouverts sur l'immortalité, pour consoler les âmes de la nuit d'ici-bas.

Ces oratoires sont couverts de peintures d'une exécution souvent grossière, qui trahissent des mains inhabiles : c'est tout ce que pouvaient des ouvriers ignorants, travaillant à la hâte, à la lueur de la lampe, dans la crainte et sous la menace de la mort. Mais souvent aussi, à mesure qu'on promène le flambeau sur les saintes murailles, on y voit des images dont le dessin, la pose et le mouvement rappellent les meilleures traditions de l'art antique. En même temps, sous ces traditions perce déjà le principe qui les ranime et les transformera. Toute la foi des martyrs est dans le regard de ces figures que l'artiste mit en prières les yeux levés au ciel et les mains étendues. Mais partout la nouveauté de l'art chrétien se reconnait à la pensée même, à l'inspiration qui a choisi les sujets de ces peintures, qui en a fixé l'ordre et proposé les types. Dans ces lieux désolés, où l'on s'attend à trouver les images d'une société proscrite, poursuivie, traquée sans relâche, on ne découvre rien de pareil. A la clef de voûte paraît le bon pasteur portant sur ses épaules, tantôt la brebis, tantôt le chevreau, pour enseigner qu'il sauve à la fois l'innocence et le repentir. Puis dans quatre compartiments dessinés par des guirlandes de fleurs et de fruits, des compositions tirées

Il suffit en effet pour s'en convaincre d'ouvrir et d'étudier avec soin le magnifique album publié sur les catacombes romaines, par un savant aussi pieux que modoste et qui est en même temps notre sincère ami, M. Péret; ouvrage édité en 1853 aux frais du gouvernement français et qui est à la fois tout un monument et une revélation de la foi des premiers chrétiens, comme il est aussi une réfutation des hérésies modernes (1). Les costumes de convention ou de tradition, les

de l'Ancien et du Nouveau Testament, et opposées d'ordinaire deux à deux, comme la figure et la réalité, la prophétie et l'histoire. C'est Noé dans l'arche, Moïse frappant le rocher, Job sur le fumier, le miracle de Cana, la multiplication des pains, Lazare sortant du tombeau. C'est surtout Daniel dans la fosse aux lions, Jonas rejeté par la baleine, les trois enfants dans la fournaise, symboles du martyre par les bêtes, par l'eau, par le feu; mais du martyre triomphant, tel qu'il fallait le peindre pour soutenir le courage et consoler la douleur. Jamais aucune trace des persécutions contemporaines, aucune représentation des bûchers des chrétiens; rien de sanglant qui put réveiller la haine, rien que des images de pardon, d'espérance et d'amour.

(1) La somme votée par l'assemblée législative pour la publication des fresques des catacombes dessinées par M. Péret était de cent cinquante mille francs. On se fera une idée de l'importance de cet ouvrage, quand on saura que M. Péret a passé plus de treize ans à explorer les catacombes connues et à en découvrir de nouvelles en opérant des fouilles nombreuses. Toutes les peintures ont été relevées avec soin et reproduites par des planches en couleur ou lithochromies. C'est avec le concours de M. Péret que j'ai découvert en faisant des fouilles à Fontgombaud, il y a onze ans, le baptistère des grottes des hermites, baptistère que beaucoup ont crû être l'orifice du puits communiquant à la source appelée Fontaine de Gombaud, comme l'a publié M. Hamon dans son histoire de Notre-Dame de France. Le contraire est démontré aujourd'hui. M. Péret atteste que ce baptistère a beaucoup de ressemblance avec celui qu'il a vu dans les catacombes.

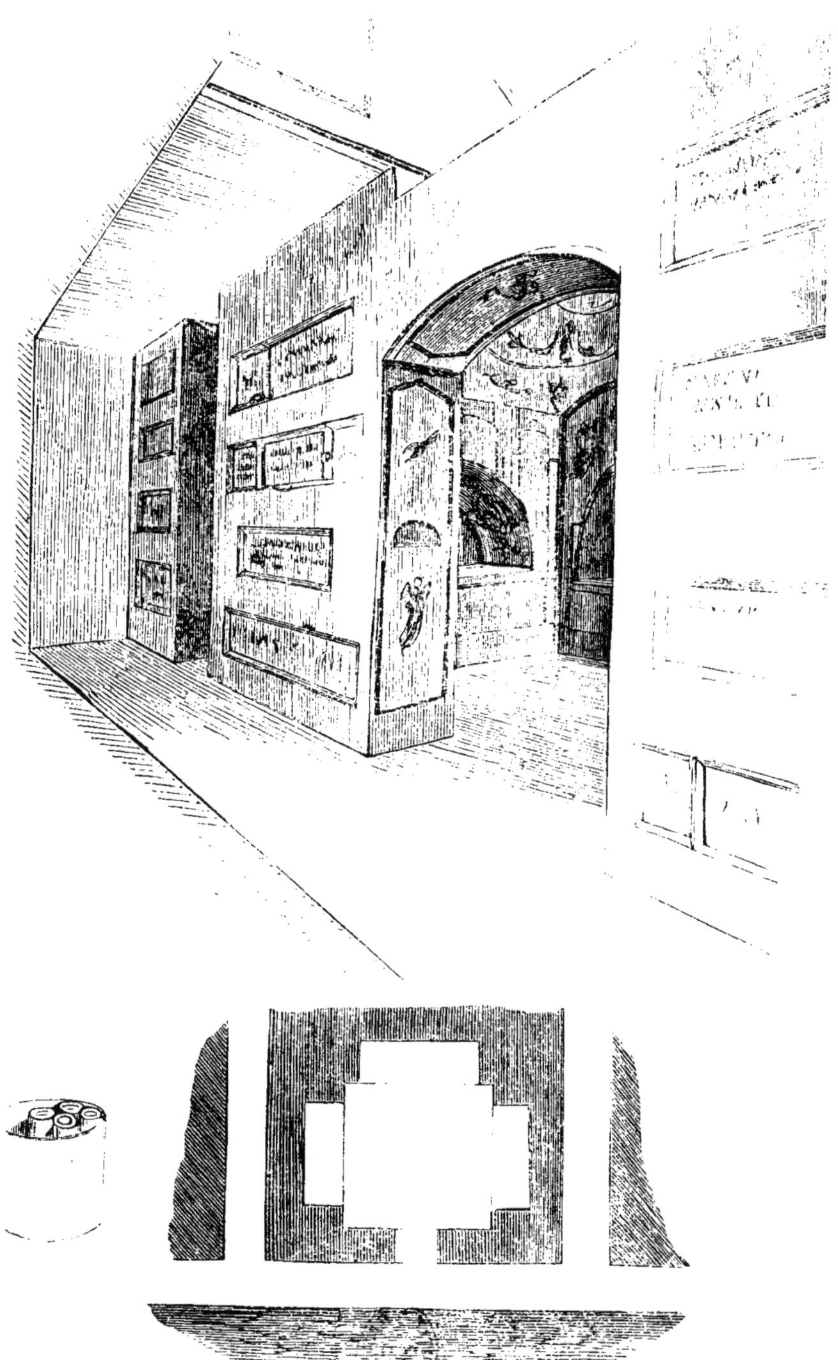

PÉCIMEN DES CATACOMBES CONSTRUIT A L'EXPOSITION UNIVERSELLE

Sous la direction de M. de Rossi.

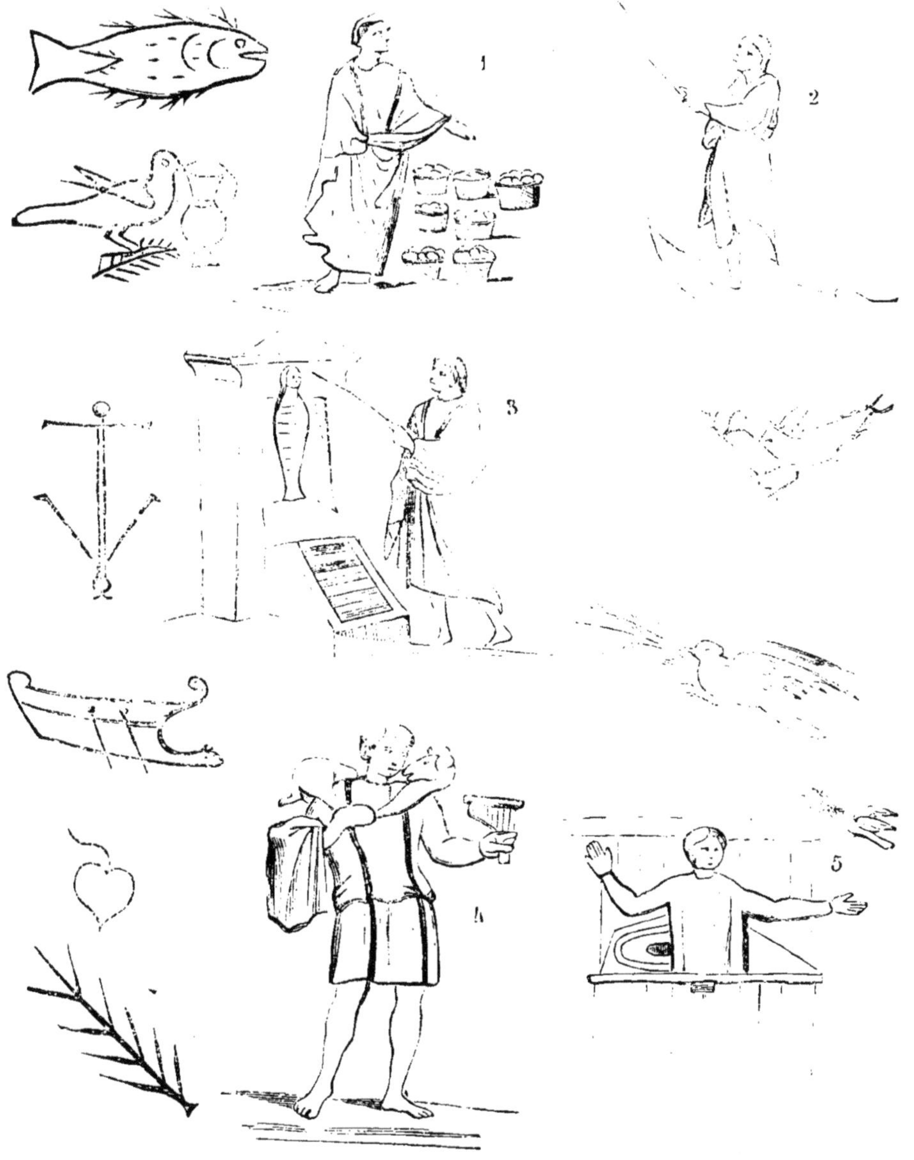

QUELQUES-UNS DES SUJETS PEINTS DANS LES CATACOMBES.

1. La multiplication des pains.
2. Moïse faisant jaillir la source du rocher.
3. Notre-Seigneur ressuscitant Lazarre.
4. Le Bon Pasteur.
5. L'arche de Noé.

types byzantins, pour tout dire en un mot, se sont conservés dans les monuments peints longtemps après que la sculpture était entrée dans une voie d'imitation nouvelle et s'était fait un style original. C'est un fait que personne ne peut méconnaître et qu'on serait peut-être tenté d'attribuer à l'influence d'une école étrangère, mais dans laquelle nous aimons mieux voir un respect profond des traditions primitives. En effet, la peinture Byzantine est essentiellement conventionnelle et fondée sur la tradition. Les iconostases modernes des églises grecques reproduisent encore aujourd'hui avec un fidélité extraordinaire les types les plus anciens; telle était, telle est encore l'habileté d'imitation des artistes, qu'à moins d'être extrêmement familiarisé avec ce genre de peinture, il est facile de se tromper de plusieurs siècles, en essayant de deviner la date d'une composition religieuse (1).

(1) En 1841, dit M. Mérimée, dans sa notice sur les fresques de St-Savin, mon savant ami M. Lenormand et moi, nous vîmes dans l'église de Ste-Photime, à Smyrne, une vierge peinte en 1830, que nous aurions pu croire du XIIIe siècle. Cependant nous avions vu des peintures bysantines en Grèce et à Constantinople. Qu'on se représente une copie très exacte d'après Cimabué.

Les peintures de la nouvelle église russe qu'on vient de construire à Paris sont une nouvelle preuve que l'égl se grecque n'a pas varié sur ce point.

II

Pour expliquer comment le goût de la décoration polychrôme, dont l'église grecque conserve encore aujourd'hui toutes les traditions, s'est perdu parmi nous, il faut se reporter au temps où l'art, transformé sous une influence étrangère, subit en France une révolution complète. Le seizième siècle, si glorieux pour Rome et l'Italie est marqué dans l'histoire de notre architecture, par l'abandon de ce style que nous pourrions appeler national, et auquel nous devons tant de monuments originaux. D'inventeurs qu'ils étaient, nos artistes devinrent d'ingénieux copistes, qui mirent leur gloire à reproduire et à naturaliser, pour ainsi dire, en France, les chefs-d'œuvres admirés dans un autre pays. Dès ce moment, les arts du dessin, qui jusqu'alors avaient été cultivés à la fois par les mêmes hommes, et presque toujours soumis à une direction unique, se divisèrent et devinrent indépendants les uns des autres. Au Moyen-Age, le génie, aveugle peut-être dans son ambition, aspirait à l'universalité. La Renaissance, plus froidement pratique, ouvrit au talent une multitude de routes distinctes : le sculpteur s'éloigna de l'architecte, le peintre du sculpteur ; et si quelquefois ils se réunirent encore, ce fut dans une espèce de lutte, où chacun s'efforça de prouver la supériorité de son art, et d'enlever à son émule les suffrages du public. La peinture murale florissante au-delà des monts, se perdit en France, soit, dit M. Mérimée, parce que nos peintres furent assez modestes pour reconnaître leur infériorité vis-à-vis des maîtres Italiens, soit parce qu'ils furent assez orgueilleux pour rougir du titre de décorateur.

Il faut ajouter une autre cause que les écrivains modernes oublient peut-être un peu trop. L'école monacale bénédictine, qui avait couvert le sol de la France d'un si grand nombre de monuments, et conservé jusqu'au treizième siècle le dépôt des arts aussi bien que celui des sciences et des lettres dans les grandes abbayes de Cluny, de St-Benoit-sur-Loire, de St-Germain-d'Auxerre et de Vézelay, laissa périr peu à peu, ou passer en d'autres mains un art dont elle avait eu jusqu'alors la direction presque exclusive. L'austère saint Bernard lui-même réagit d'une manière violente contre les richesses artistiques, les sculptures, les mosaïques et les peintures symboliques dont l'ordre de Cluny enrichissait ses édifices avec trop de profusion peut-être. « Que signifient, dit-il, dans ces cloîtres où les frères vaquent à la lecture ces monstruosités ridicules, ces je ne sais quelles beautés difformes, ou belles difformités? Que font là ces lions féroces et ces monstrueux centaures? et ces soldats qui se battent? et ces chasseurs qui sonnent du cor? (1) Sous une tête, vous voyez plusieurs

(1) Admettre qu'au moyen-âge il ne faut voir que des objets de fantaisie dans les compositions des artistes, soit en sculpture, soit en peinture, c'est rejeter d'un seul coup tout le symbolisme chrétien. La savante description que fait le père Arthur Martin, dans ses mélanges archéologiques de la monstrance de la côte de saint Pierre à Namur où l'on voit représentée toute une chasse, prouve jusqu'à l'évidence que les artistes chrétiens savaient donner à leur travail un sens allégorique qui était alors compris, mais dont nous n'avons pas toujours la clef. En cela ils ne faisaient que commenter l'écriture et les saints pères. Ainsi saint Isidore expliquant la mission des apôtres, a recours à deux grandes images, celle des chasseurs et celle des pêcheurs. « Les apôtres, dit-il, sont envoyés prêcher, parce que Jésus-Christ apparaissant à des pêcheurs après sa résurrection, les envoie prêcher aux Gentils. Il avait été dit par la bouche de Jéremie (C. XVI, v. 16.) : J'enverrai des pêcheurs nombreux, dit le seigneur, et ils les pêcheront. Après la mention des pêcheurs suivent ces mots : et j'enverrai des chasseurs, et ils les prendront à la chasse sur les montagnes et sur les collines et dans les cavernes des rochers. Et plus bas citant ces paroles d'Isaïe.... Je les enverrai une flèche à la main, vers ceux qui n'ont pas entendu parler de moi et n'ont pas vu ma gloire. Cette flèche, dit saint Isidore, est la parole rapide de la prédication, et la mission des apôtres est ici spécialement prophétisée. » D'après Raban-Maur, le chasseur est J.-C. d'après cette parole d'Isaïe dans les septante (C. XXXI) : voici qu'il vient pareil au lion à la chasse. Les chasseurs sont les autres prédicateurs de l'Evangile. Le chasseur est aussi le démon qui a pour figure Nemrod, ce géant qui fut, dit la Genèse, chasseur devant le seigneur.

Le tombeau de St-Ludre à Déols qui remonte à St-Ursin, et sur lequel est représentée toute une chasse, est une nouvelle preuve qu'à toutes les époques les artistes chrétiens ont eu recours aux représentations symboliques. Les moines de Cluny et autres artistes n'avaient fait qu'imiter leurs devanciers.

corps, et sur un corps vous voyez plusieurs têtes (1). Voilà à un quadrupède une queue de serpent, et voici à un poisson une tête de quadrupède ?.... En somme, c'est de toutes parts une telle variété, une telle étrangeté de formes, qu'on aime mieux faire la lecture sur ces tableaux que sur son livre, et passer les jours à étudier de pareilles choses qu'à méditer la loi de Dieu. » Loin de moi cependant la pensée d'accuser l'illustre réformateur de Citeaux d'avoir été systématiquement un ennemi

(1) Nous trouvons de nombreux exemples de ce que dit ici saint Bernard. En voici un plein de sens tiré d'une miniature de l'hortus deliciarum de la bibliothèque de Strasbourg. Elle représente le Christ mourant sur la croix. A sa droite, l'église son épouse bien-aimée est montée sur un animal à quatre têtes ; ce sont celles des quatre animaux symboliques de l'apocalypse de saint Jean qui représentent les quatre évangélistes. D'une main elle tient une coupe, dans laquelle elle reçoit le sang qui coule du côté du sauveur, et de l'autre elle porte un étendard, à la suite duquel devront marcher tous ceux qui comprendront le mystère de la croix. C'est une reine glorieuse, qui porte avec noblesse le diadème dont son front est orné. Son premier soldat est celui qui perça d'une lance le côté du sauveur. Il implore son pardon en même temps qu'un des voleurs crucifiés sur le calvaire. A gauche de la croix, on voit la synagogue montée sur un âne et vêtue d'un habit de deuil. Elle a le bandeau sur les yeux et détourne la tête en signe de dédain. Son règne est fini, son sceptre brisé, son étendard renversé, et elle attendra en vain jusqu'à la fin des siècles le messie promis à la terre. Elle n'était pas capable de comprendre le mystère de la croix, celle qui maudissait son sauveur avec le mauvais larron qui meurt près d'elle dans les convulsions d'un horrible désespoir. L'âne qui sert ici de monture à la synagogue, est le symbole de la stupidité, et il semble que dans le cas présent le peintre ait voulu appliquer à l'église juive ces paroles qu'adressait Abraham à ses serviteurs laissés au bas de la montagne sur laquelle il devait immoler son fils Isaac: *expectate hic cum asino*. (Genesis C. XXII, v. 5).

des arts (1). J'aime à croire qu'il ne voulait que réagir contre certains abus qui avaient pu s'introduire dans l'ornementation et la décoration des cloîtres et des temples ; mais il n'en est pas moins vrai, que de tels anathêmes dans la bouche d'un homme tel que saint Bernard, devaient produire leurs fruits ; et une de leurs premières conséquences fut la suppression radicale de toute ornementation et de toute décoration dans les églises de l'ordre de Citeaux, comme on peut s'en assurer encore aujourd'hui en visitant les églises cisterciennes de Noirlac et de Fontmorigny au diocèse de Bourges.

Une autre cause, qui contribua encore à ruiner l'art de la peinture murale, se trouve dans la transformation de l'architecture religieuse à la fin

(1) Avant saint Bernard, saint Nil le réformateur du cinquième siècle, dans ses lettres à Olympiodore s'était montré aussi sévère pour toutes les représentations symbolyques dans les temples chrétiens. « C'est une puérilité, dit-il, d'amuser ainsi les yeux des fidèles. » Il est à remarquer que ces deux saints étaient d'austères esprits, amants passionnés de la solitude, et bien autrement préoccupés de la réforme morale, que des œuvres d'art; que saint Bernard en particulier exprime dans ses écrits par rapport aux magnificences de l'architecture et de l'orfèvrerie un dédain, que d'autres saints personnages du même temps, ont été loin de partager ; qu'enfin eut-il entrevu dans les représentations quelque chose de symbolique, il lui eut suffi pour les réprouver d'y trouver des leçons trop obscures pour les peuples, et trop dissipantes pour les moines. Saint Isidore, Raban-Maur, etc., étaient dans un tout autre ordre d'idées, et suivaient en cela les pensées symboliques de saint Hippolyte martyr, de saint Augustin et de saint Jérôme,

du douzième siècle. Les églises byzantines et romanes se prêtaient mieux en effet aux grandes compositions empruntées aux voûtes immenses des tombeaux égyptiens, ou aux salles plus étroites des catacombes. Les coupoles byzantines telles que celles de Sainte-Sophie de Constantinople, de Saint-Marc de Venise, de Saint-Front de Périgueux ; les voûtes en anse de panier des églises de Saint-Savin, de Vézclay, de Fontgombaud et autres de la période romane offraient des surfaces considérales, où les peintres se plaisaient à reproduire les scènes émouvantes de l'apocalypse, et les récits historiques de la bible. Les baies, ordinairement étroites, laissaient en outre aux murailles des églises et des cloîtres, un espace plus que suffisant pour exercer le talent des décorateurs. Le treizième siècle en modifiant toutes les formes de l'architecture se prêtait moins aux exigences des traditions reçues jusqu'alors, et bientôt le système de décoration des monuments religieux dut subir une entière transformation, qui laissa tout l'avantage aux peintres verriers. A dater de cette époque, la peinture murale dut harmoniser ses teintes avec le jour des vitraux peints, et se préter aux mille fantaisies d'une architecture capricieuse. Les couleurs sont plus riches il est vrai, et empruntent aux verrières une partie de leur éclat ; l'or est employé avec profusion, et les peintures de cette époque ont quelque chose de la richesse des mosaïques ; mais l'art est déjà réduit à n'être plus qu'une marqueterie, et ce n'est que par hasard qu'il revêt la forme des compositions magistrales du douzième siècle sur quelque pan de mur qui devient alors un tableau isolé dans un vaste édifice.

Le treizième siècle vit sensiblement diminuer l'usage de la peinture murale en France, tandis qu'à la même époque on vit cet art renaître au-delà des monts. Cimabué en fut le restaurateur. Instruit par des peintres Grecs que le Sénat de Florence avait appelés, il surpassa bientôt ses maîtres et eut le mérite de découvrir la vocation du jeune pâtre Giotto pour la peinture. Giotto fit revivre l'étude de la nature depuis longtemps abandonnée, la revêtit de formes plus nobles, et prépara ainsi Raphaël. La peinture religieuse devait encore être illustrée au quinzième siècle par le bienheureux Fra-Angelico le dominicain de Fiézoles, surnommé le peintre des anges, ce modeste artiste qui ne voulut peindre que des sujets pieux et esquisser à genoux ses portraits de la vierge.

Ainsi pendant que l'art de la peinture religieuse disparaissait peu à peu en France, il renaissait et enfantait des chefs-d'œuvre en Italie. Citons, comme exemple, l'église de Sainte-Croix à Florence. A cette époque mémorable, la république Florentine n'expulsait pas les moines; elle venait au contraire de décider qu'elle recevrait les deux ordres de Saint-Dominique et de Saint-François à cause de leurs bons services, et leur réservait une magnifique hospitalité. Arnolfo eut ordre d'ériger pour les Franciscains, aux frais de la cité, l'église Sainte-Croix. Cet artiste accoutumé à ne rien concevoir que de grand, se souvint toutefois qu'il travaillait pour des pauvres. Il éleva les trois nefs de son église, sur quatorze piliers et quatorze ogives dignes des plus fières cathédrales, mais il renonça à les charger d'une voute, et les couvrit d'une charpente qui rappela par sa nudité l'étable de Bethléem. Le chœur n'eut point la splendeur de nos sanctuaires gothiques; mais à droite et à gauche, sur les bras de la croix, s'ouvrirent de nombreuses chapelles où vinrent s'abattre un essaim de peintures. Ce fut d'abord l'infatiguable Giotto, puis ses disciples Stefano et Taddeo Gaddi; puis Giottino, fils de Stefano et Angelo, fils de Taddeo : car en ces temps héroïques, le pinceau devenait héréditaire comme l'épée. Ils représentérent, dans une longue série de fresques, la Croix révélée à sainte Hélène, et portée en triomphe par l'empereur Héraclius; l'histoire de la Vierge, en y rattachant les gracieux récits de l'évangile, de la Sainte-Enfance; la légende de sainte Magdeleine pour la consolation des pauvres pêcheurs; le martyre des Apôtres, pour l'encouragement de ceux qui allaient prêcher aux Sarrasins et aux Tartares; enfin la vie et les miracles de saint François. Orcogna, le peintre des justices éternelles, était venu clore ces tableaux par la vision du jugement dernier. Toutefois ne pensons point que les artistes de Sainte-Croix aient cru leur œuvre terminée : c'était leur gloire de ne terminer jamais. Après l'église, ils décoraient la sacristie, le réfectoire : Giotto exécuta pour une armoire, vingt-six petites compositions d'un prix inestimable. Peu à peu les ouvrages d'art ne trouvant plus de place dans le saint lieu, vinrent s'entasser dans les galeries et les salles adjacentes. On y a recueilli de vieux Chrits bysantins, des peintures d'anciens maîtres, depuis Cimabuë jusqu'au bienheureux Angélio de Fièsole.

S'il est vrai que les fresques de Sainte-Croix ont cruellement souffert du temps et de la négligence des hommes, on conserve cependan encore de Giotto un couronnement de Notre-Dame peint sur bois pour l'autel de la chapelle de Banoncelli, où il repose depuis six cents ans, sans que rien en ait altéré la fraîcheur. C'est encore une peinture du Ciel, comme les anciens mosaïstes avaient coutume d'en exécuter pour enrichir l'abside des basiliques. Mais ici on peut remarquer toute la différence des temps. Pendant que les anciens mosaïstes, interprètes d'une tradition immobille et d'un monde vieilli, donnaient ordinairement à leurs personnages l'immobilité de l'extase et l'impassibilité de la vieillesse, tout vit dans le paradis du maître florentin. Toutes les figures, même celles des vieillards, sont jeunes, comme l'art qui les conçut, comme le peuple italien du moyen-âge, dans la première fleur de sa prospérité et de son génie. (1)

Ainsi, tandis qu'en Italie tout concourait à l'épanouissement de l'art de la peinture murale et religieuse, chez nous au contraire, tout contribuait à sa décadence. Les guerres longues et sanglantes du quatorzième siècle avec les Anglais, n'étaient guères favorables au développement des arts, et le

(1) Vasari, vite de Pittori, vita di Giotto, di Giottino, di Taddeo e d'Angelo Gaddi, d'Orcagna etc.

clergé de ce temps-là eut assez à faire de réparer les monastères dévastés et les églises incendiées.

Depuis cette époque les compositions peintes cessèrent de se produire dans nos églises, ou ne s'y montrèrent que par hasard réduites à de faibles proportions. Au lieu de se concerter avec l'architecte pour embellir la maison de Dieu, le peintre suspendit ses tableaux au jour le plus favorable, heureux s'il pouvait attirer sur son œuvre une attention exclusive.

En même temps, l'affaiblissement des croyances religieuses, les railleries du scepticisme, l'oubli des traditions, le raffinement du goût, amenèrent l'indifférence et bientôt le mépris pour les anciennes peintures, production d'une école, que déjà l'on taxait de barbarie. L'action seule du temps suffisait pour altérer ou détruire une décoration naturellement peu durable. Les ravages de la guerre, l'ignorance et surtout les caprices de la mode se réunirent pour la faire disparaître plus rapidement; et il n'est que trop vrai de dire, que ni les fureurs iconoclastes du protestantisme, ni le vandalisme stupide de la révolution, n'ont imprimé sur nos monuments des traces aussi déplorables que le mauvais goût du dix-huitième et du dix-neuvième siècle. Les barbares laissaient au moins des ruines : Les prétendus réparateurs ne nous ont laissé que leurs tristes ouvrages.

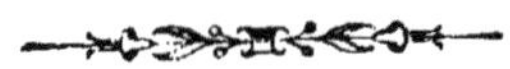

III

L'existence d'une vaste église conservant encore un ensemble immense de peintures murales qui remontent à une époque fort reculée du moyen-âge, est une espèce de prodige aujourd'hui (1).

(1) Nous avons visité, il y a quelques années, une église fort intéressante et qui remonte au huitième siècle, celle de Germigni sur Loire, près de l'ancienne abbaye de St-Benoit sur Loire. Elle renferme une curieuse décoration que nous croyons être la plus ancienne du centre de la France. Au-dessus de l'autel dans la calotte de l'abside, on remarque Jésus-Christ glorifié entre deux anges adorateurs. C'est une mosaïque du plus bel effet et qui conserve encore tout son éclat.

Ce travail doit sans doute être attribué aux bénédictins de St-Benoît sur Loire dont le monastère avait été fondé près de là cent ans auparavant par Léodebold, abbé de Saint-Aignan.

Aussi l'on n'en cite plus qu'une en France, c'est Saint-Savin en Poitou (2). Après huit siècles ses fresques subsistent encore, et bien que dégradées, elles offrent toujours un vaste sujet d'études à l'artiste et à l'antiquaire.

Après Saint-Savin, nous aurions voulu pouvoir citer, pour la période ogivale, la splendide décoration de la sainte chapelle édifiée par saint Louis pour servir de reliquaire aux instruments insignes de notre rédemption. Là aussi les décorateurs du XIIIe siècle avaient étalé toutes les richesses de l'art chrétien, et couvert les colonnes, les murailles et les voûtes de peintures d'une beauté incomparable, qui ne le cédaient en rien au brillant éclat des vitraux légendaires. Cette riche décoration vient d'être l'objet d'une restauration intelligente, qui fait le plus grand honneur aux artistes Français, et on se console en voyant revivre dans toute leur magnificence ces richesses du moyen-âge recouvertes naguères d'un ignoble badigeon.

Le Berry devait posséder certainement de vastes églises ornées de peintures de diverses époques. Nul doute que la puissante abbaye de Déols que les chroniqueurs appelaient la plus belle perle de

(2) Consulter le magnifique ouvrage publié en 1845 par M. Mérimée.

la couronne du Berry (3) et la mamelle de saint Pierre, parce qu'elle servit plusieurs fois d'asile aux papes en exil, n'eut réuni dans son enceinte les richesses artistiques de Cluny dont elle était une des filles les plus illustres. Son église consacrée en 1107 par le pape Pascal II assisté de l'evêque de Plaisance et de Léger archevêque de Bourges, n'avait pas de rivale en Berry, et les ruines qui en restent nous laissent deviner ce qu'elle devait être autrefois.

On doit supposer aussi que pour les églises abbatiales de Fontgombaud (4), de Chezal-Benoit

(3) L'abbaye de Déols comptait quarante-trois prieurés sous sa dépendance et cent quatre-vingts bénéfices. Outre le séjour qu'y firent les papes Urbain II et Pascal II, elle fut encore honorée de la présence de trois autres papes. En 1661, Alexandre III, ayant échappé aux embûches de l'empereur Frédéric Barberousse, se retira au monastère de Déols où il séjourna longtemps, et reçut la visite du roi d'Angleterre. Le pape Honorius III visita aussi l'abbaye de Déols en 1223 ; et en 1306, Clément V y demeura deux mois accompagné de treize cardinaux, et de plusieurs évêques, abbés et gentilshommes. Il ne reste plus de l'église abbatiale qu'une des tours. La statue miraculeuse a été transportée dans l'église paroissiale. Le pape Pie IX vient de lui envoyer un cierge magnifique en se plaçant sous le puissant patronage de Notre-Dame de Déols.

(4) L'église abbatiale de Fontgombaud commencée en 1091 par Pierre de l'Etoile qui en fut l'architecte et le premier abbé, fut consacrée le 5 octobre 1141, vingt-sept ans après la mort de ce dernier arrivée en 1114. Ruinée une première fois, probablement pendant les guerres avec l'Angleterre au XIVe siècle, elle fut dévastée une seconde fois au mois d'août 1569 par les huguenots, qui rasèrent la nef de l'église et incendièrent le monastère dont ils firent un monceau de décombres. En 1576 les religieux

et autres de la période romane, on avait adopté le système de décoration généralement suivi, et dont on retrouve les traces jusque dans les plus modestes églises.

Quant à l'ancienne cathédrale de Bourges, ses portiques romans qui subsistent encore, portent toujours les traces de leurs anciennes peintures, et nous disent assez ce que devait être la décoration intérieure d'un temple où les ornements avaient été prodigués avec profusion. S'il est rare aujourd'hui de rencontrer les grandes compositions du moyen-âge, il ne faut pas seulement accuser le temps qui détruit tout, mais bien plus

rétablirent dans l'église abbatiale la chapelle de droite voisine de la sacristie pour y célébrer l'office. Le reste demeura à l'état de ruine pendant 124 ans. « Cette année 1693, dit dom Audrieu « alors prieur du monastère, nous entreprîmes de rebâtir notre « église, c'est-à-dire la partie supérieure, compris la croisée « qui sépare la grande nef de ce qu'on appelle le presbitaire, où « sont aujourd'hui l'autel et le chœur des religieux. Comme les « voûtes étaient découvertes, nous avons pris soin d'en faire « couvrir de temps en temps quelqu'une, et de faire réparer les « brèches qui y étaient.... Nous fîmes aussi travailler au clocher « qu'il a fallu faire tout à neuf, et à la voûte qui est au-dessous « qui était toute ruinée aussi bien que l'entablement et la mu- « raille qui ferme ce morceau d'église d'avec la nef qui est de- « meurée ruinée.... La nuit de Noël 1693, l'église se trouvant en « état, nous eûmes l'honneur d'y dire la sainte messe. » (Hist. manuscrite de Fontg. par dom Audrieu, archives de l'Empire LL. 1011). Vendue pendant la révolution, l'église abbatiale servit de carrière jusqu'en 1849. Aujourd'hui, grâce à l'aide du gouvernement et des 800 souscripteurs qui ont bien voulu prêter leur concours à celui qui écrit ces lignes, pour opérer une restauration à laquelle il s'était dévoué, le monument est réparé, et les anges de la prière ont rendu l'église à sa destination primitive.

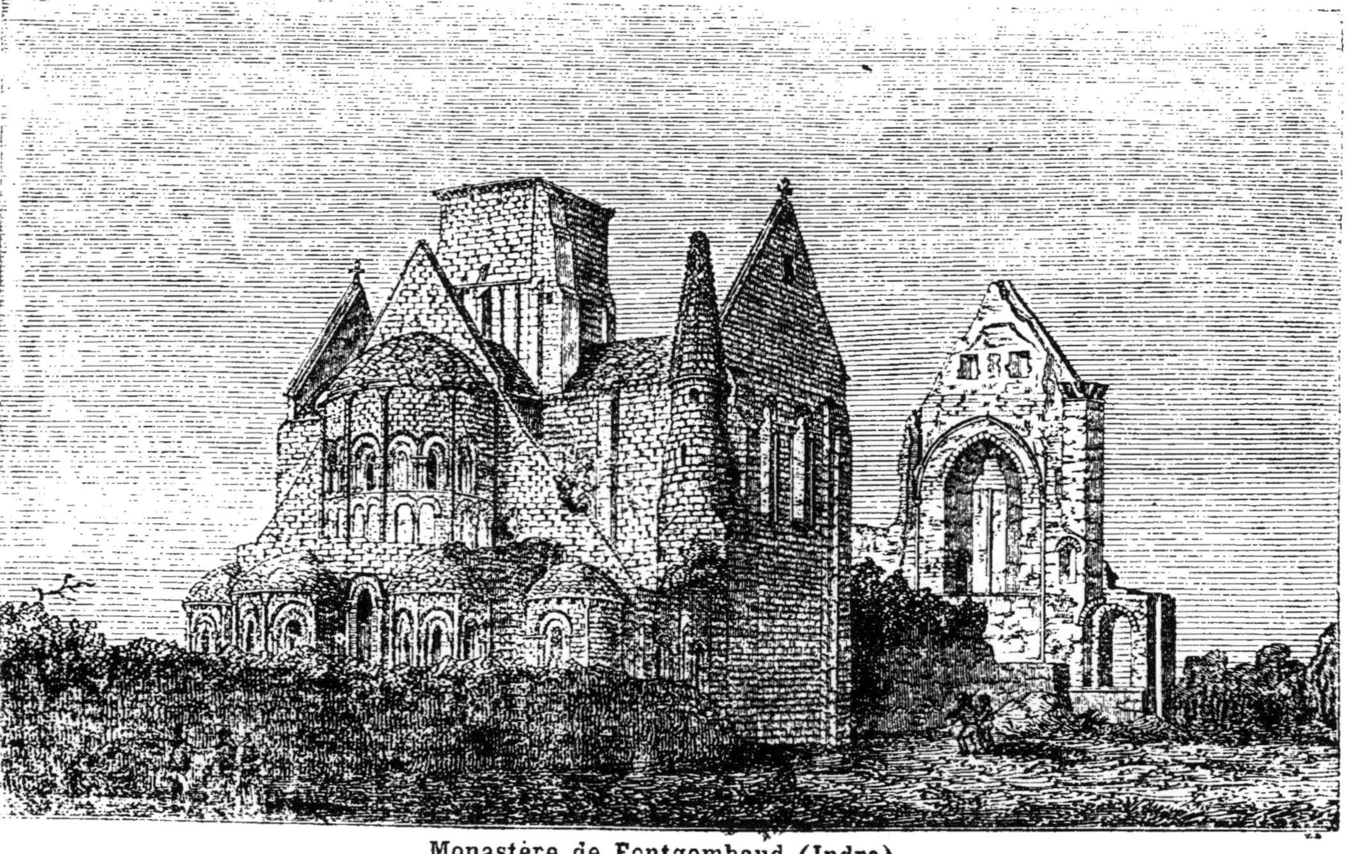

Monastère de Fontgombaud (Indre).

encore les révolutions qui ruinent les travaux des artistes en renversant les monuments.

Il existe cependant encore, principalement en Berry, un certain nombre d'églises ou chapelles, où l'on découvre chaque jour des richesses décoratives ignorées ou ensevelies depuis des siècles peut-être, sous un suaire de chaux. Pour quelle raison a-t-on ainsi recouvert ces pieuses images si propres à parler aux yeux des fidèles ? C'est ce que nous ne saurions dire. Toujours est-il que par ce moyen, plusieurs fresques et peintures ignorées jusqu'alors, ont fait leur apparition dans ces derniers temps, à la grande joie des archéologues. Et ce qu'il y a de plus extraordinaire, c'est que ces découvertes ont eu lieu le plus souvent dans des églises construites sous la direction de l'école monacale aux XIe et XIIe siècles (5), et dont

(5) Notre époque ressemble si peu au Moyen-Age, que nous sommes peu familiarisés avec cette idée de voir les prêtres et les moines architectes, sculpteurs, décorateurs, orfèvres, etc. Il est vrai de dire cependant, qu'au Moyen-Age, les monastères étaient autant d'ateliers où l'aptitude de chaque moine était appliquée à un travail spécial par des maîtres habiles. La magnifique monstrance de Namur qui renferme une côte de saint Pierre est une preuve entre mille de cette assertion. Elle porte la signature de frère Hugo, moine d'Oignies, abbaye détruite aujourd'hui. On y lit après la date de 1228 ces mots : *Frat. Hugo vas istud opus est. Orate pro eo.* C'est dans les monastères qu'on fabriquait tous ces reliquaires et ces vases sacrés enrichis d'émaux qui servent aujourd'hui de modèles à nos orfèvres laïcs. Comment croire que de tels hommes n'étaient pas en même

la pauvreté reconnue ne permettait aucune restauration ni embellissement. C'est ainsi qu'ont été conservées et retrouvées les peintures si curieuses de Nohan-Vicq, de Blet, de Douadic, de Neuilly-en-Dun, de Charly, de Roussines, de Chalivoy-Milon, de Maubec, de Plaincourault, de la chapelle de Sainte-Solange à la cathédrale de Bourges, et autres encore. Malheureusement plusieurs de ces curieuses compositions ont déjà disparu sous le pinceau des badigeonneurs, et en vain le savant auteur des Catacombes, M. Péret, se transportait-il, il y a quelques années, dans l'église de Preuilly-la-Ville, pour y calquer les peintures des XIIe et XVe siècles récemment découvertes ; il n'y vit plus que des murailles d'une blancheur éclatante, qui lui firent d'autant plus regretter la disparition des tableaux, qu'il savait qu'on les avait trouvés

temps les constructeurs, les sculpteurs et les décorateurs de leurs églises. Il fallait avoir le sentiment du symbolisme chrétien, comme les bénédictins, pour orner une église comme celle de Vézelay d'une forêt de chapiteaux qui mériteraient chacun une longue explication. Il faut convenir que nos architectes et nos artistes modernes, à part de rares exceptions, sont loin d'avoir la science des moines du Moyen-âge, et que la plupart d'entre eux n'ont aucune idée de la symbolique chrétienne; ce qui explique la froideur glaciale de leurs monuments, qui ne disent rien à l'œil pénétrant du catholique. Quand verrons-nous donc le clergé français édifier et réparer lui-même les temples chrétiens ! et imiter un noble exemple, celui de M. l'abbé Tournesac, qui depuis vingt ans a construit en France des églises, qui sont une imitation parfaite du style religieux le plus pur.

dans un parfait état de conservation (6). Il faut en dire autant des peintures murales de Chassy près Nérondes, et de Neuilly-en-Dun. Il est vrai qu'il ne restait plus que quelques parties fort altérées de ces dernières, et qu'une riche décoration les remplace; mais nous ne saurions trop protester contre une déplorable tendance à faire disparaître des monuments religieux les restes si rares des peintures du Moyen-Age (7).

Plus heureuses que ces dernières, les belles peintures de la chapelle de Jacques-Cœur à Bourges ont échappé à la destruction, et nous offrent

(6) La modeste église de Preuilly-la-Ville, canton de Tournon (Indre), possédait deux tableaux peints, l'un à la fresque, l'autre à la détrempe. Le premier représentait le Christ aux évangélistes et remplissait le cul-de-four de l'abside. Cette fresque devait appartenir à la fin du onzième siècle, ou au commencement du douzième. Le second tableau, situé sur la paroi du mur de la nef, en face de la porte, représentait toute une famille devant l'*ecce homo*. On voyait figurer dans le groupe un moine et un hallebardier. Sur le côté droit une colonne surmontée d'un coq portait cette inscription gravée sur un phylactère : *Qui seminant in lacrymis, in exultatione metent.* (Ps. CXXV. v. 5).

(7) Au lieu du blanchissage uniforme trop souvent adopté pour les églises pauvres, ne conviendrait-il pas de revenir au système de décoration économique en usage au Moyen-Age, et dont on retrouve partout les traces en Berry. Ce sont des pierres d'appareil avec un fleuron au centre. Ailleurs, dit M. de Caumont, j'ai vu des arcatures et l'imitation de quelques détails architectoniques, toujours peints en rouge d'ocre, en vert, en jaune sur un fond blanchâtre.

le plus riche spécimen de la sculpture polycrôme au quinzième siècle. La voûte est un précieux bijou parfaitement intact. Ses douze caissons d'un fond d'azur étoilé d'or, renferment une vingtaine d'anges vêtus de robes blanches richement drapées, et dont les ailes se déploient avec grâce. Entre leurs mains se déroulent des phylactères sur lesquels sont tracés en lettres gothiques des passages de l'Ecriture sainte, qui se rapportent à la naissance du Messie et à la haute dignité de la Vierge mère de Dieu. Assurément le pieux argentier de Charles VII en édifiant dans son palais un aussi gracieux oratoire, ne se doutait pas qu'il deviendrait un jour le cabinet d'un juge d'instruction. C'est cependant à cela qu'on doit la conservation des peintures de la voûte séparée par un solivage de la chambre du magistrat. Ainsi isolés, les anges durent continuer en paix leur concert de louanges, dans un lieu devenu désormais le magasin des fusils de chasse, des filets et des miroirs aux alouettes confisqués sur de coupables chasseurs. Il eut été en effet par trop inconvenant d'instruire le procès des criminels sous les yeux des envoyés célestes, qui venaient annoncer au monde la paix et la joie, et sur les banderolles desquels on lit encoer ces mots : *Evangelizo vobis gaudium magnum.* Je vous annonce une grande joie. (Luc. C. II. v. 10) (8).

IV

DES FRESQUES DE L'ÉGLISE DE CHARLY.

De toutes les peintures murales découvertes en Berry dans ces derniers temps, une des plus considérables et des plus intéressantes, c'est sans contredit la fresque de l'antique église de Charly, canton de Nérondes. Il y a quinze ans, le touriste en voyage eût salué en passant avec respect le vénérable clocher roman de Charly, dernier débris d'un monastère qui dut avoir aussi sa splendeur au Moyen-Age ; mais il n'eut pas daigné honorer d'une visite une église qu'il savait n'être

(8) Très probablement la paroi des murailles de la chapelle de Jacques-Cœur avait aussi sa décoration. Il est assez difficile d'en reconnaître les traces, surtout dans la partie inférieure tapissée en papier vert. On remarque à droite et à gauche deux enfoncements dans lesquels se tenaient Jacques-Cœur et Macée de Léodepart son épouse pour entendre la messe. Des sculptures du plus grand prix, et qu'on ne saurait comparer pour la perfection du travail, qu'à celles de la chapelle du château d'Amboise, ornent cette partie de l'oratoire. Malheureusement elles ont été recouvertes de plusieurs couches de céruse. Espérons que dans un avenir prochain, ce gràcieux monument dont la restauration est confiée à M. Bailly, sera rendu à sa destination primitive.

plus qu'une ruine inabordable. Aujourd'hui il en est autrement : cet édifice réparé à grands frais et à moitié reconstruit avec le concours d'un insigne bienfaiteur ravi trop tôt à sa famille et à l'affection des pauvres (9), est devenu le rendez-vous de ceux qui aiment et savent apprécier l'art religieux. Il y aurait une longue notice à écrire sur ce grâcieux monument ruiné à différentes époques. Malheureusement les documents historiques font défaut, depuis surtout l'incendie des archives pendant la révolution Française ; et ce n'est que par l'étude de ce qui reste de l'église et par les fouilles opérées pendant sa restauration, qu'on peut arriver à rétablir l'histoire de sa construction et de ses peintures. Il est en effet difficile de séparer la peinture de l'architecture, dans l'œuvre d'une époque où elles étaient si étroitement unies, et où l'une était le complément de l'autre.

L'église de Charly est située à l'extrémité d'une vallée étroite qu'arrose le ruisseau de la Velouse. Malgré l'élévation de sa flèche en pierre, on ne l'aperçoit que lorsqu'on en est assez près. Dans son état actuel et en faisant abstraction de deux

(9) M. Chenu, de Charly, mort le 28 février 1866.

chapelles du quinzième siècle qui flanquent le chœur, l'édifice présente au premier coup-d'œil l'apparence d'une construction homogène, et offre un type très complet de l'architecture romane telle qu'elle se montre dans la première moitié du douzième siècle. Elle se distingue par l'absence de triforium et de fenêtres dans la nef centrale. Celle-ci n'est éclairée que par les fenêtres des collatéraux et la baie du pignon occidental, disposition qui se retrouve fréquemment dans le Poitou et la Saintonge. Au centre des transepts, une coupole de petite dimension sert de base au clocher à deux étages surmonté lui-même d'une flèche imbriquée en forme de pomme de pin (1). Le chœur est terminé par une abside romane, éclairée par trois baies d'égale dimension. Cette abside est ornée de douze colonnes légères surmontées de chapiteaux historiés qui servent de support à la voûte, et symbolisent par leur nombre les douze apôtres. L'église, régulièrement orientée offre l'apparence d'une croix latine dont

(1) Dans toutes les flèches en pierre où l'on remarque des imbrications, ces dernières sont toujours en descendant, de manière à faciliter l'écoulement des eaux. A Charly les imbrications vont en montant et donnent à la flèche parfaitement ronde la forme d'une pomme de pin. C'est le seul exemple que nous connaissions dans ce genre. Les clochetons ont la même forme que la flèche centrale.

le chevet est fortement incliné du côté de l'évangile (2). Il s'en faut cependant que toutes les parties du monument datent de la même époque. La coupole et les arcs doubleaux sur lesquels elle repose accusent les formes du onzième siècle ; le chœur et l'abside aussi bien que toute la partie extérieure du clocher ont tous les caractères du douzième siècle ; les chapelles sont évidemment du quinzième, encore ont-elles été reconstruites en grande partie avec la nef et les collatéraux de 1854 à 1862. Des fouilles pratiquées sous le clocher en 1855 pour consolider les fondations, ont fait découvrir les restes d'une abside fort petite beaucoup plus ancienne ; ce sont peut-être les débris d'une chapelle primitive ou d'un ancien temple romain. Il y a donc eu sur le même emplacement trois constructions différentes dont plusieurs parties subsistent encore, sans y comprendre la nef actuelle et les chapelles. Quelles sont

(2) L'inclinaison du chevet des églises se rencontre très fréquemment au Moyen-Age, surtout dans les monuments de la période romane. Les églises abbatiales de Fontgombaud et du Dorat, en sont des exemples frappants. Presque toutes les églises dans lesquelles apparaît la déviation symbolique, présentent l'inclinaison de leur axe vers le nord, le côté droit, *dextrum cornu*. C'est par exception qu'on rencontre le contraire. La symbolique chrétienne du Moyen-Age voulait rappeler par l'inclinaison de la tête de Jésus-Chrit sur la croix : *Et inclinato capite, tradidit spiritum*. (St-Jean, chap. 19, v. 30).

les causes de la ruine de la modeste église du onzième siècle? Nous serions tenté de l'attribuer à un violent incendie, si on en juge par les traces de calcination retrouvées en plusieurs endroits. Quant à l'église du douzième, elle dut subir le sort de la plupart de celles du Berry dévastées et brûlées pendant les guerres de religion au XVIe siècle, et il est probable que la ruine de la nef dont la voûte était détruite depuis longtemps, doit être attribuée à cette époque désastreuse. En effet la rapacité des huguenots et des reîtres allemands, devait trouver une proie dans le pillage du monastère de Charly, qui fut ruiné de fond en comble. Nous ne savons si le couvent d'alors était un prieuré de bénédictins ; mais tout semblerait l'indiquer. Depuis cette époque jusqu'à la révolution, il fut occupé par une colonie de bénédictines relevant de l'abbaye de Charenton, et on pouvait voir encore, il y a quinze ans, les restes des modestes constructions occupées par les religieuses. De tout le monastère il ne reste plus rien, sinon des tombeaux qu'on retrouve en grand nombre en fouillant autour de l'église,

Les huguenots avaient incendié et pillé l'église de Charly ; les religieuses pour leur plus grande facilité, la démolirent en partie. Sous prétexte d'avoir un chœur communiquant avec le sanctuaire, elles firent une large brèche au sud de l'abside, murèrent la baie centrale avec les débris des chapiteaux, remplacèrent la fenêtre romane du nord par une ouverture gothique, et détruisirent ainsi la grâcieuse colonnade, rétablie depuis à grands frais, pour la remplacer par un lourdet disgrâcieux rétable en pierre dans le style corinthien. La grâcieuse décoration de cette partie dont il ne reste plus de traces que dans la baie terminale, périt ainsi entièrement, et la fresque de la voûte ne dut sa conservation qu'à une ignoble peinture à la colle établie sur plusieurs couches de badigeon. La voûte elle-même devait avoir beaucoup à souffrir plus tard du mauvais entretien des toitures et de l'humidité intérieure.

L'église de Charly devenue annexe de la paroisse de Blet, resta sans pasteur jusqu'au onze novembre 1854, et pendant cette longue période de temps il n'y fut fait aucune réparation. La filtration des eaux fit tomber les deux tiers des enduits de la voûte du chœur, détruisit une partie de la fresque du douzième siècle, et ruina la base du clocher. Ce fut en 1855 que des travaux sérieux furent entrepris pour la restauration de l'église, par un ecclésiastique qui relevait en même temps de ses ruines la magnifique abbatiale de Fontgombaud.

L'administration communale offrait de mettre à sa disposition une somme de cinq cents francs pour blanchir de nouveau le monument : il crut que le grattage était préférable, et qu'il fallait avant tout commencer par réparer l'abside, dont la voûte lui paraissait porter les traces d'une grande fresque. Ce fut en effet ce qui occasionna une découverte des plus intéressantes, qui fut suivie d'une autre en 1857 et d'une troisième vers la fin de 1867, époque des derniers travaux, lesquels, de cinq cents francs proposés d'abord, s'élèvent aujourd'hui à la somme de cinquante-cinq mille francs.

Nous donnerons plus loin une description de ces curieuses peintures comme il en existe peu parmi les rares débris de cette époque reculée : mais qu'il nous soit permis en passant de payer un juste tribut d'éloges à ceux qui ont bien voulu contribuer à une restauration minutieuse, et qui a exigé quatorze ans de persévérance et de travail. L'un d'eux a déjà paru devant Dieu. Dans la chapelle édifiée par sa famille pour recevoir sa dépouille mortelle, on ne lit pas d'autre épitaphe sur sa tombe que celle-ci : *Domine dilexi decorem domus tuæ.* Seigneur j'ai aimé la beauté de votre maison (p. 25, v. 8). L'église de Charly est terminée aujourd'hui, et sa restauration ne laisse rien à désirer que l'achèvement des peintures murales qui se continuent chaque année. Trois autels en pierre enrichis de bas-reliefs, de statues et de bronzes émaillés ; une galerie de vitraux artistiques dus au pinceau du regretté M. Lobin ; une série de chapiteaux historiés au nombre de soixante; des grilles forgées en fer, des stalles dues au ciseau de M. Dumas, enfin une vaste chapelle et une abside décorées avec tout le luxe oriental par un artiste aussi distingué que modeste, M. Lescallier père (de Bourges), font de ce monument un des plus riches et des plus complets du Berry.

V

DISPOSITION DES PEINTURES.

Tout l'intérieur du chœur et de l'abside était revêtu d'un enduit de mortier peint ou badigeonné à la fresque. On retrouve aussi deux autres tableaux dans le transept du côté de l'épître. La voûte de l'abside présente la principale composition tirée de l'apocalypse. Au centre apparaît un christ colossal, assis sur un trône, entouré d'une auréole elliptique. Sa tête est ornée du nimbe cruciforme; ses cheveux séparés symétriquement sur le front à la manière des Nazaréens, flottent sur ses épaules; ses pieds sont nus et posés sur un escabeau. Il bénit de la main droite à la manière latine (3), et tient de la gauche un livre fermé. L'expression du Christ est remarquable de grandeur et de majesté : il est revêtu de la robe sacerdotale blanche, recouverte d'un manteau écarlate enrichi de pierreries. A droite et à gauche de sa tête se lisent les lettres alpha et omega

(3) Dans le tympan des portiques de nos églises et dans les peintures religieuses du Moyen-Age, le Christ bénit toujours de la main droite à la manière latine. M. Mérimée cite cependant un exemple du contraire dans la fresque du vestibule de Saint-Savin en Poitou, où le Christ est représenté bénissant à la manière grecque. Il faut noter ceci comme une singularité très rare, et remarquer la manière dont les doigts de la main droite sont placés pour donner la bénédiction : Le pouce s'incline vers l'annulaire qui est très fléchi; les trois autres doigts sont élevés, mais inégalement. Il n'y a pas à douter que le geste de la bénédiction à la manière grecque ne soit exprimé ainsi. Il est vrai que pour le rendre parfaitement, il faudrait que le petit doigt et le médius fussent arqués, de manière à présenter la forme du sigma (C) dans l'alphabet grec de l'époque chrétienne. (On sait que la position des doigts, leur flexion ou leur rigidité, doit former, suivant les liturgistes grecs, les lettres IC XC *Jesous cristos*); mais la courbure du medius et du petit doigt en raccourci n'était pas facile à rendre dans une peinture où il n'y a pas d'ombres. La position du pouce et du petit doigt suffit, ce semble, pour caractériser la bénédiction grecque. Elle n'est pas exprimée plus clairement dans quelques fresques de la Grèce et de l'Asie-Mineure.

A & O. Autour de lui brillent des étoiles, des tonnerres et des éclairs. On remarque aussi dans des nuages quatre petits bustes dont la tête est nimbée et tournée en dehors. Peut-être a-t-on voulu représenter ainsi les voix dont il est parlé au livre des visions de saint Jean. Au-dessus de la tête du Christ on voit un espèce de grand éventail formé de rayons prismatiques qui symbolise sans doute sa gloire ou peut-être la mer transparente et semblable au cristal. Dans la partie inférieure on observe à droite et à gauche les sept chandeliers d'or et les sept lampes. Puis viennent les quatre animaux symboliques portant chacun le livre divin ; enfin deux chérubins aux ailes déployées et pleines d'yeux se tiennent debout tournés vers le verbe éternel. Sous les pieds de chaque chérubin, on remarque deux roues dont la teinte ressemble à celle de l'eau de la mer, et qui sont évidemment celles dont parle le prophète Ezechiel au livre de ses visions sur le fleuve Chobar La forme et la couleur des roues, leur position sous les pieds des anges et près des animaux symboliques, démontrent la chose jusqu'à l'évidence ; et il suffit pour s'en convaincre de lire les chapitres I et X du prophète Ezechiel. Ensuite la place qu'occupent les chérubins au dernier plan du tableau, leurs ailes pleines d'yeux. etc., rendent encore la chose plus certaine et prouvent une fois de plus que l'artiste qui a tracé cette vaste composition avait une connaissance parfaite des livres saints, et que pour l'esquisse de son sujet, il s'est inspiré non seulement de la lecture de l'apocalypse de saint Jean. mais aussi des prophéties d'Ezechiel, établissant ainsi la concordance qui existe entre les deux visions.

Il est vraisemblable que plus bas, dans la portion du mur démolie par les religieuses, on avait complété le tableau par la représentation des vingt-quatre vieillards assis sur leurs trônes. Cette partie de la scène apocalyptique si bien rendue en sculpture dans les chapiteaux qui supportent la grâcieuse coupole de l'église de Gargilesse, devait trouver ici naturellement sa place (4).

La peinture de la voûte du chœur, qui n'est séparée de celle de l'abside que par une arcature en pierre dont on parlera plus loin, est la continuation et le complément de celle que nous venons

(4) Cette partie de la fresque vient d'être entièrement complétée. Les vingt-quatre vieillards sont divisés en deux groupes à droite et à gauche de l'abside. Douze se prosternent, et déposent leurs couronnes au pied de l'Eternel, en faisant entendre les sons harmonieux de la harpe ; les douze autres debout, présentent au Très-Haut des coupes d'or pleines de parfums, qui symbolisent la prière des saints.

de décrire. A en juger par ce qui nous en reste, cette fresque ne le cédait en rien en majesté et en grandeur à la précédente. Les voûtes en berceau de la periode romane offraient des surfaces considérables où le peintre chrétien pouvait étaler toutes les richesses de son art. Malheureusement le défaut d'entretion des toitures a fini par ruiner toute la partie inférieure. Les eaux se frayant un passage à travers la voûte, ont entraîné la chute des enduits et partant des peintures ; l'humidité a produit une espèce d'efflorescence ou végétation rose, qui a détaché les couleurs d'une autre partie, et il ne reste plus de l'ancienne fresque que le centre, sur une largeur de quatre ou cinq mètres, qui ait conservé toute la vivacité et la fraicheur des couleurs primitives.

Au centre une immense croix rouge de forme grecque dont les branches vont en s'élargissant vers leurs extrémités, divise cette partie en quatre compartiments égaux. Cette croix bordée de larges bandes de diverses couleurs, est semée d'une multitude de petites perles blanches disposées avec art. Un disque à fond brun entouré d'une grande auréole ronde formée de rayons prismatiques, est fixé sur le milieu de la croix. Sur ce disque apparaît l'agneau debout et de grandeur plus que naturelle soutenant du pied une petite croix qu'il porte avec noblesse ; cet agneau dont le précurseur disait : Voilà l'agneau de Dieu qui efface les péchés du monde. Il est debout, car il a été immolé, il a triomphé de la mort : il porte la tête levée comme celle d'un vainqueur, et regarde derrière lui en marchant pour voir s'il est suivi de ceux qu'il aime ; de la droite il tient son sceptre, la croix, qui est aussi son étendard, signe de ralliement et de sauvegarde des élus. De son corps transfiguré jaillissent comme au Thabor des rayons de gloire. Il est à remarquer qu'ici la croix portée par l'agneau n'a pas le labarum comme cela se rencontre souvent avant et après cette époque. J'ai vu il y a dix ans dans le trésor de l'église d'Aix-la-Chapelle (Aachen) une monstrance qui renferme un agnus Dei, lequel, d'après la tradition d'Aix, ne serait rien moins qu'un don de saint Léon III à Charlemagne. On dirait que le peintre de Charly, un pieux moine, peut-être, s'est inspiré de ce modèle quatre siècles plus tard tant il y a de ressemblance dans la pose de l'agneau et dans la forme de la gloire. L'agneau divin est entouré de quatre anges qui étendent les bras vers lui. Leurs ailes sont déployées, leurs robes flottent dans l'espace, et par leur pose ils semblent soutenir l'auréole de sa gloire. Ce sont peut-être les quatre anges qui au chapitre VII de l'apocalypse, verset 1, se tenaient aux quatre coins du monde et arrêtaient les quatre vents; ou bien ces quatre anges réprésentent peut-être la multitude des anges qui se tiennent autour du trône et devant l'agneau et qui crient d'une voix forte : « C'est à notre Dieu qui est assis sur le trône qu'appartient la gloire, l'action de grâce, l'honneur, la puissance et la force dans les siècles des siècles : Amen. » Au dessous des anges, on suit de l'œil une immense ellipse qui semble séparer cette partie consacrée à la gloire de l'agneau, de la partie inférieure. Celle-ci, hélas ! a disparu, entraînée par la chute de l'enduit. Elle contenait probablement la foule des élus de Dieu, de ceux qui ont blanchi leurs robes dans le sang de l'agneau.

Telle est la grande composition qui remplit les voûtes de l'abside et du chœur de l'église de Charly et que nous croyons être la reproduction des passages suivants des chapitres I, IV et V de l'Apocalypse, et des chapitres I et X d'Ezechiel.

Apocalypse. — Chapitre I, verset 1., « Je suis l'*Alpha* et l'*Oméga*, le premier et le dernier. »

12. « Je me tournai pour voir de qui était la voix qui me parlait, et étant tourné je vis sept chandeliers d'or. »

13. « Et au milieu des sept chandeliers d'or, quelqu'un qui ressemblait au fils de l'homme, vêtu d'nne longue robe et ceint d'une ceinture d'or au-dessous des mamelles. »

14. « Sa tête et ses cheveux avaient la blancheur de la laine la plus blanche, et ses yeux paraissaient comme une flamme de feu. »

15. « Ses pieds étaient semblables à l'airain blanc et aussi ardents que s'ils eussent été dans une fournaise. »

Chapitre IV. verset 1. « Autour de ce même trône, il y en avait vingt-quatre autres, et je vis vingt-quatre vieillards qui étaient assis sur ces trônes. »

5. « Du trône sortaient des éclairs, des tonnerres et des voix et il y avait devant le trône sept langues allumées, qui sont les sept esprits de Dieu. »

6. « Devant le trône, il y avait une mer transparante comme le verre et semblable au cristal. Au bas du trône et alentour il y avait quatre animaux pleins d'yeux devant et derrière. »

7. « Le premier animal ressemblait à un lion,

le second était semblable à un veau, le troisième avait le visage comme celui d'un homme et le quatrième était semblable à un aigle qui vole. »

Ezechiel. — Chapitre I. verset 15. « Lorsque je regardais ces animaux, je vis paraître près de chacun d'eux une roue qui était sur la terre.... »

16. « A voir les roues et la manière dont elles étaient faites, elles paraissaient semblables à la couleur de la pierre de Tharse qui ressemble à celle de l'eau de la mer.... »

19. « Lorsque les animaux marchaient, les roues marchaient aussi auprès d'eux, et lorsque les animaux s'élevaient de la terre, les roues s'élevaient aussi ! »

Ezechiel. — Chapitre X. verset 1er. « J'eus encore une vision. Il parut sur le firmament qui était sur la tête des Chérubins, comme une pierre de saphir, et on voyait au-dessus d'eux comme un trône. »

9. « Et voici ce que je vis : Il me parut quatre roues près des chérubins, et il y avait une roue près d'un chérubin et une autre roue près d'un autre chérubin. »

10. « Et toutes les quatre avaient la même forme. »

12. « Tout le corps des chérubins, leur cou, leurs ailes étaient pleins d'yeux.... »

13. « Et j'entendis une voix qui disait à ces roues : mettez-vous en mouvement. »

16. « Lorsque les chérubins marchaient, les roues marchaient aussi auprès d'eux, et lorsque les chérubins étendaient leurs ailes pour s'élever de terre, les roues ne se retiraient point, mais elles étaient toujours près d'eux. »

19. « Et les chérubins étendant leurs ailes en haut s'élevèrent de terre devant moi; et lorsqu'ils partirent, les roues les suivirent aussi. Le char s'arrêta à l'entrée de la porte de la maison du Seigneur du côté de l'Orient; et la gloire du Dieu d'Israël était élevée sur les animaux.

Apocalypse. — Chapitre v. verset 1. « Je vis ensuite dans la main droite de celui qui était assis sur le trône un livre.... »

2. « Et je vis un ange fort et puissant qui disait à haute voix : Qui est digne de lire dans ce livre ?... »

6. « Je regardai, et je vis au milieu du trône un agneau qui était debout.... »

11. « Je regardai encore, et j'entendis autour du trône et des animaux et des vieillards, la voix

d'une multitude d'anges ; et il y en avait des millions. »

12. « Qui disaient à haute voix : l'agneau qui a été immolé est digne de recevoir la puissance, les richesses, la sagesse, la force, l'honneur, la gloire et la bénédiction. »

Au sommet de la baie terminale de l'abside, le peintre a représenté la vierge glorifiée, tenant de la main droite la tige du lis dont elle est elle-même la fleur la plus pure. Elle a sur sa tête voilée le diadème, et par la pose des yeux et de la main gauche, il est facile de remarquer qu'elle jouit de la gloire et contemple son divin fils dans les splendeurs du ciel. C'est bien la l'épouse des cantiques qui semble dire : Je suis à mon bien-aimé, et mon bien-aimé est à moi, lui qui se plaî parmi les lis. (Cant. VI, v. 2). Cette vierge est placée dans une auréole parfaitement ronde, tandis que le Christ est dans une auréole elliptique que les antiquaires désignent du nom de *vesica piscis* (1). Mgr Crosnier de Nevers, dont tout le monde

(1) L'auréole est cet encadrement elliptique que beaucoup d'antiquaires ont désigné sous le nom de vesica piscis, et qui encadre habituellement la figure du Christ. (Voir le portique méridional de la cathédrale de Bourges et celui de Vizelay). Cependant les auréoles ne sont pas toujours de cette forme ; il y en a de rondes et de quatrilobées. L'auréole, appelée gloire par M. Didron, est réservée aux trois personnes divines et à la sainte vierge. On trouve la vierge encadrée dans une auréole elliptique

connaît la science archéologique, crut reconnaître les traces d'une inscription autour de l'auréole de la Vierge de Charly ; mais il n'y a en réalité que des rayons noirs, tandis que les noms des évangélistes et des anges sont tracés en lettres blanches.

Au-dessous de la mère de Dieu et sur les deux côtés de l'embrasure de la fenêtre, deux vierges nimbées, de grandeur naturelle, se tiennent debout et semblent faire cortége à leur souveraine dont elles partagent le bonheur. Leurs yeux sont élevés vers elle, et comme la reine des vierges, elles portent sur la tête un voile blanc enrichi de broderies, qui retombe sur les épaules et est agrafé au-dessous du menton avec une plaque qui ressemble à un camée. Ces vierges sont revêtues de la robe talaire blanche recouverte d'un manteau rouge. Ce manteau par sa forme ressemble assez à la chasuble antique des évêques du Moyen-Age. Il y a cette différence entre la mère de Dieu et les vierges qui lui font cortége, que la première tient la branche du lis dans la main droite, tandis que les autres portent la palme du martyre.

Ces deux personnages ont un cachet de remar

sur le tombeau de saint Junien près Limoges. L'auréole de la vierge de Charly est ronde.

quable grandeur et une grande ressemblance avec les peintures égyptiennes et orientales. Des calques en ont été relevés avec le plus grand soin lors de la restauration du sanctuaire (1).

Cette fresque paraît se rattacher à la composition générale dont nous avons parlé, et le peintre a dû s'inspirer des passages suivants de l'apocalypse :

Chapitre VII. verset 1. « Ils se tenaient debout devant le trône et devant l'agneau, vêtus de robes blanches et portant des palmes dans leurs mains. »

10. « Et ils disaient d'une voix forte : C'est à notre Dieu qui est assis sur le trône et à l'agneau qu'appartient la gloire de nous avoir donné le salut. »

13. « Alors un des vieillards me dit : Qui sont ceux qui sont vêtus de robes blanches ? et d'où sont-ils venus ? »

14. « Je lui répondis : Vous le savez. Et il me dit : Ce sont ceux qui ont passé par la grande tribulation, et qui ont lavé et blanchi leurs robes dans le sang de l'agneau. »

15. « C'est pourquoi ils sont devant le trône de

(1) Ces calques ont été mis sous les yeux des membres de la Société Française d'archéologie, dans les séances tenues à Bourges les 9 et 10 mars 1868 et ont vivement intéressé les antiquaires.

Dieu, et le servent jour et nuit dans son temple Et celui qui est assis sur le trône les couvrira comme une tente. »

16. « Ils n'auront plus ni faim, ni soif, et le soleil ni aucun vent brûlant ne les incommodera plus. »

17. « Parce que l'agneau qui est au milieu du trône sera leur pasteur et les mènera aux sources d'eaux vives, et Dieu essuyera de leurs yeux toutes leurs larmes. »

Sur l'arc doubleau qui sépare l'abside du chœur, il reste les traces de caissons sur lesquels étaient représentés les douze signes du zodiaque. La religion en effet commande et sanctifie le travail, et on voit souvent dans le portique des églises la représentation des travaux agricoles des douze mois de l'année. Le tympan de l'ancienne église de Saint-Ursin à Bourges est un spécimen complet en ce genre. On retrouve aussi à Sens les mêmes sujets en sculpture. Mais les zodiaques ont aussi été représentés en peinture dans l'intérieur des églises. On en signale un exemple du XIIIe siècle sur l'arc triomphal de l'église de Pritz, près Laval, dont les figures sont peintes avec beaucoup de naïveté. Le mois d'août y est figuré. comme au tympan de Saint-Ursin, par un homme qui bat son blé ; le mois de mai, saison de la guerre et des voyages, par un jeune homme à cheval. A Charly où il ne reste plus que deux caissons intacts, on trouve un personnage monté sur un cheval blanc, qui a beaucoup d'analogie avec celui de Pritz (1) : seulement au lieu de tenir une fleur à la main, il tient un instrument tranchant qui ressemble beaucoup à un volant ou large faucille. En face de lui un homme dans un costume fort original, vêtu d'une tunique de diverses couleurs, tient une branche de fleur dans chaque main, et semble se livrer à la joie au retour du printemps.

(1) Au lieu d'un des signes du zodiaque, plusieurs ont cru reconnaître dans la fresque de Charly le cheval blanc dont il est parlé au chapitre VIe verset 2e de l'Apocalypse ; mais il est évident que c'est une erreur. Dans la peinture dont il s'agit, rien ne se rattache à l'ouverture du sept sceaux. Le personnage qui monte le cheval n'a ni la couronne dont il est question au verset 2 ni l'arc ni le nimbe, et il tient une espèce de faux ou large faucille dans la main droite. J'aimerais mieux y voir la représentation du mois de juin époque de la récolte des foins et aussi saison des batailles. Les peintres ne représentaient pas toujours d'une manière uniforme les signes du zodiaque. Ainsi par exemple à Prisz près Laval, le mois d'octobre est représenté par un semeur, et à Sens c'est le mois d'avril. A Charly il reste une partie du troisième caisson qui représente le mois de mars sous la forme d'un laboureur. Quant au nimbe, il ne figure nulle part dans ces trois caissons. Or si le cheval de la fresque de Charly était le cheval blanc du chapitre VIe de l'apocalypse, celui qui le monte serait certainement nimbé. Car il est bon de remarquer que le nimbe n'exprime pas seulement la sainteté : c'est un caractère surhumain et mystérieux, une marque divine imprimée, soit comme un signe d'élection, soit comme un signe de réprobation. Il a les deux sens opposés qu'avait le mot *sacer* chez les latins. C'est ainsi qu'on voit la tête du dragon entourée d'un nimbe dans les fresques de Saint-Savin, aussi bien que celles des mauvais anges qui combattent avec lui.

Faut-il reconnaitre la le mois d'avril saison des fleurs et le mois de mai saison de la guerre et des voyages ? Nous sommes tentés de le croire en comparant les mêmes sujets reproduits à Bourges et à Pritz. Au portique de Saint-Ursin de Bourges, le mois d'avril est indiqué par un personnage qui tient une branche de fleur dans chaque main comme à Charly, et à Pritz, le mois de mai est représenté par un voyageur à cheval qui ressemble extraordinairement à celui de notre fresque. Toute la différence entre le cavalier de Pritz et celui de Charly, c'est que le premier tient une branche de fleur et qu'à Charly il tient un instrument tranchant. D'un côté, faudrait-il simplement voir le mois de mai saison des fleurs et des voyages, et de l'autre le mois de mai saison des voyages et de la guerre, ou peut-être encore le mois de juin époque de la récolte des foins. Nous laissons le lecteur libre de choisir l'opinion qui lui plaira.

Avant d'avoir fait une étude toute spéciale de ces fresques par leur comparaison avec d'autres monuments du même genre, nous cherchions à y voir d'autres allégories mystiques qui nous semblaient pouvoir rentrer dans cet ordre d'idées qu'on nomme *la symbolique chrétienne ;* ainsi dans nos deux caisons, nous trouvions l'homme sérieux et l'homme frivole : l'homme sérieux marche incessamment vers l'éternité ; il sait que le temps passe et ne revient plus et que le fil de notre vie peut être tranché à chaque instant ; aussi suit-il ce sage conseil de l'apôtre, faisons le bien pendant que nous en avons le temps et la facilité. L'homme frivole, au contraire, veut jouir de la vie, et il se dit comme l'insensé de l'écriture : couronnons-nous de fleurs avant qu'elles se flétrissent: Nous avons renoncé à cette opinion qui ne nous paraît nullement fondée, et comme nous retrouvons sur les deux arcades du chœur la place des douze caissons des signes du zodiaque, nous croyons être dans le vrai en soutenant notre première idée.

Ici se terminent les fresques du XIIe siècle. Les arcs-doubleaux de la coupole portent bien encore la trace de décorations qui semblent remonter à la même époque ; mais tellement endommagées qu'il est innutile d'en parler ici. Elles serviront dans un avenir prochain à fournir les dessins de l'ornementation de cette partie de l'église.

Dans le transept de droite, dont la reconstruction date du XVe siècle, il a été aussi retrouvé sous le badigeon deux peintures murales de dimension médiocre dont l'une subsiste encore : c'est d'abord un saint Martin, divisant en deux son manteau pour en donner la moitié au pauvre qui implore sa charité. Les tons de chair sont fort altérés, et si le dessin est plus pur, la richesse des couleurs et loin d'égaler celle des anciennes fresques. Le second tableau représentait un saint Christophe traversant le fleuve, armé de son énorme bâton, et portant l'enfant Jésus sur ses larges épaules. Sur le bord de l'eau on voyait le moine avec sa lanterne à la main. Ce moine se retrouvait presque partout dans les peintures représentant saint Christophe. Nous l'avons rencontré à Chassy et dans bien d'autres églises. Cette peinture d'un mérite médiocre a disparu pour faire place au déambulatoire du côté sud, et il n'en reste plus qu'un tronc d'arbre et quelques bandes jaunes (1).

(1) Après avoir donné la description des peintures anciennes de l'église de Charly, ce serait ici le lieu de parler de la riche décoration de la chapelle de Saint-François d'Assises, dont l'exécution ne laisse rien à désirer. La voûte surtout est d'une richesse toute orientale. Les nervures copiées sur un antique et très curieux tapis de Smyrne encadrent les caissons qu'on dirait recouverts de satin brodé d'or. Les colonnes et les arcades sont éga ement enrichies de peintures imitant les plus riches tissus. Ces peintures faites à la cire et à l'essence de lavande, produisent un grand effet et font singulièrement ressortir les deux vitraux artistiques, dus au pinceau de M. Léopold Lobin. Ces vitraux représentent l'un le Christ bénissant les enfants, l'autre l'éducation de la jeune vierge Marie par sainte Anne sa mère.

VI.

Observations sur les peintures de Charly.

Les peintures de l'église de Charly, à l'exception du saint Martin, sont des fresques; c'est-à-dire qu'elles ont été appliquées sur un enduit de mortier frais dans lequel les couleurs préparées à l'eau de chaux, ont pénétré de quelques millimètres Cet enduit existe non seulement sur la paroi de la voûte construite en mœllon, mais aussi sur les arcades en pierre de taille qui la supportent et dans les embrasures des fenêtres. On sait que les maîtres Italiens se servaient d'une pointe de métal, pour ébaucher leur composition sur l'enduit de mortier. Ce trait gravé plus ou moins profondément n'existe ni dans les fresques de Charly, ni même dans les fresques de St-Savin. En effet la plupart des peintres du Moyen-Age faisaient leurs ébauches au pinceau : c'était ordinairement un trait esquisé en rouge, qui, grâce à la solidité de la couleur, s'est conservé, tandis que les teintes qui le recouvraient ont souvent disparu. La peinture à fresque, on le sait, n'admet qu'un petit nombre de teintes, la chaux décomposant les couleurs végétales, et beaucoup de couleurs métalliques. La palette des artistes de Charly était donc assez restreinte. Les couleurs employées ordinairement sont le blanc, le noir, le jaune, plusieurs teintes de rouge, le vert, le bleu et les teintes résultant de la combinaison de ces couleurs avec le blanc.

Qu'elle date doit-on assigner aux fresques de Charly? La solution rigoureuse de cette question est difficile, on le sent, faute de renseignements historiques; mais d'après ce que nous avons dit plus haut, en parlant de la construction des diverses parties de l'église, tout porte à croire que ces peintures sont de la prémière moitié du XIIe siècle. Les costumes des personnages ont une grande analogie avec ceux des fresques de Saint-

Savin, qui datent du même temps. Ce sont les mêmes couleurs, la même naïvete dans le dessin : la forme des sept lampes, des chandeliers d'or, de l'escabot, sur lequel reposent les pieds du Christ, et les détails de l'ornementation ne ressemblent en rien au savoir faire des peintres du XIIIe siècle et des époques postérieures. Les noms des évangélistes et des anges sont tracés en lettres romanes. D'autre part, nous avons retrouvé des fresques dans les églises romanes de Blet et de Neuilly-en-Dun, qui semblent dater de l'époque de la construction de ces monuments. Ces fresques portent touts les caractères de l'école bysantine comme celle de Charly. Une nouvelle découverte que nous venons de faire, le 21 février 1868, nous a fait retrouver dans l'abside de l'église romane de Chalivoy-Milon (1) d'immenses tableaux peints à la fresque, dûs, peut-être, au même pinceau que celles de Charly, et où l'on retrouve, outre les costumes et les teintes du XIIe siècle, des dessins gracieux qui accusent franchement cette époque : il n'y a donc pas à douter,

(1) En faisant poser des vitraux le 21 février 1868 dans l'abside de l'église romane de Chalivoy-Milon, je m'étonnais de ne retrouver sur les enduits aucune trace de fresque ; je persistai à chercher sous les plâtres, et bientôt je découvris un ange, fort endommagé, il est vrai, mais qui avait un beau caractère. Un nouveau grattage opéré avec soin du côté de l'épître, mit

par la comparaison de toutes ces peintures, qu'elles ne soient d'une époque antérieure au XIIIe siècle, et qu'il ne faille les attribuer à des artistes du XIIe.

Quels étaient ces artistes? Les rapports qu'on observe entre les peintures de l'église de Charly, celles surtout de la baie centrale de l'abside, et les plus anciennes peintures byzantines donnent tout lieu de croire que ces artistes étaient des Grecs, ou tout au moins qu'ils appartenaient à une école qui s'inspirait des modèles byzantins. Cette école nous croyons la retrouver dans les cloîtres du Moyen-Age. Car c'est des cloîtres, dit M. de Chergé, (1) que sortait toute science à cette époque; et la science d'alors fut toute chrétienne et toute mystique. C'était dans les cloîtres

bientôt à découvert, outre des dessins charmants, une immense composition dans laquelle nous avons pu compter de douze à quinze personnages. Pour arriver à la fresque il a fallu enlever un enduit de plâtre appliqué sur une couche très ancienne d'ocre jaune sur laquelle on avait figuré des assises avec des filets rouges. Evidemment toute l'abside de l'église de Chalivoy était décorée à la fresque, et si les plâtres peuvent être enlevés, on retrouvera partout les peintures. Je ne doute pas que la voûte du chœur ne contienne un grand sujet biblique. Depuis cette époque, grâce au travail infatigable du curé de Chalivoy, presque toutes les fresques du chœur et de la nef ont été mises à découvert à l'exception de celles de la voûte. Quoique très endommagées, ces peintures sont fort intéressantes et font de l'église de Chalivoy-Milon, un des plus curieux monuments du centre de la France.

(1) Etude sur l'église de Saint-Génitour du Blanc par Ch. de Chergé.

qu'étaient formés la plupart de ces architectes de génie qui créaient des chefs-d'œuvre et ne les signaient pas; c'était aux cloîtres qu'appartenaient ces ouvriers improvisés, qui se contentaient de travailler pour la gloire de Dieu et le salut de leur âme, sans souci de leur gloire personnelle ; et nous aimons à croire que la décoration de l'église de Charly, qui devait être selon toute apparence une église bénédictine, est l'œuvre d'un de ces moines mystiques, appelé par l'ordre de ses supérieurs et la confiance de ses frères, à embellir le temple du Seigneur.

VII.

Qu'il nous soit permis d'exprimer un regret : c'est que nos peintres modernes ne reviennent pas, pour certaines compositions, aux procédés antiques! Ils obtiendraient les mêmes résultats. Nos vénérables églises conserveraient leur véritable caractère, et n'auraient pas l'air, comme cela se rencontre trop souvent, d'avoir endossé un vêtement qui n'est plus de leur époque, et les défigure entièrement. (1) Il faut dire cependant que de louables et généreux efforts ont été tentés pour faire revivre l'usage des véritables fresques dans nos temples. J'ai eu l'honneur de visiter il y a quelques années, en la compagnie du savant abbé Bourassé, chanoine de la métropole de Tours, et de M. Léopold Lobin, d'illustre mémoire, une modeste église de campagne, celle de Roche-Corbon, (2) qui était devenue un monument très-curieux, par l'essai qu'on venait d'y faire d'une grande décoration à la fresque. Cette essai avait réussi audelà de toute espérance; et outre une ornementation noble et simple sur la parroi des murs de la nef et sur la voute en carêne, j'ai pu admirer deux grandes compositions, dans le genre symbolique, dues au pinceau bien connu du peintre verrier de Tours.

J'ai visité aussi sur les bords pittoresques du

(1) J'ai connu une paroisse, où le conseil de fabrique avait eu la singulière idée de faire tapisser en papier bleu une délicieuse abside romane du onzième siècle, et de remplacer les vitraux par des stores de café. On avait peint en rose la cuve baptismale et le confessionnal en vert perroquet. Le bon sens a fait justice de ce genre de décoration inconnu jusqu'alors.

Dans une autre église on avait peint les chapiteaux et les corniches couleur chocolat.

(2) Le village de Roche-Corbon est situé sur la rive droite de la Loire, à douze kilomètres en amont de la ville de Tours.

Rhin, il y a dix ans, une gracieuse église de Capucins bâtie à grand frais par une main généreuse sur le rocher qui domine le village de Remagen, à quarante kilomètres en amont de la ville de Cologne. La aussi des peintres Allemands avaient, dans un travail du même genre, déployé une supériorité de talent que nous n'avons pas encore su atteindre en France. De tels exemples demandent des imitateurs et doivent encourager les artistes.

C'est aussi le lieu d'exprimer un désir bien naturel aux amis de l'art chrétien, celui de la conservation des peintures murales, et surtout des fresques, partout où elles se rencontrent. Qui a trouvé un sujet biblique ou historique peint à la fresque, a découvert un trésor, et ce trésor est rare aujourd'hui. On cite les monuments qui ont l'insigne honneur de posséder ces précieuses décorations, et on sait le prix que le gouvernement et les amis des arts, attachent à leur conservation. Nohan-Vicq, Charly, Blet où l'on voit l'histoire de Lazare et de sainte Madeleine, Chalivoy Milon, Roussines, Plaincourault, Meaubec, Douadic, la crypte de Gargilesse et quelques autres églises sont les seules en Berry où subsistent encore ces restes vénérables d'une époque de foi.

(1) Peut-être d'autres tableaux précieux sont-ils encore voilés aux regards, principalement dans les voûtes des absides romanes qui conservent encore leur ancien badigeon; nous recommandons alors, non pas le grattage violent de la croûte de plâtre et de chaux qui recouvre la peinture, mais bien son enlèvement avec précaution et par parcelles, avec une lame très flexible et arrondie à l'extrémité, de manière à ne pas laisser de rayures. C'est ainsi que nous avons procédé pour la découverte de plusieurs fresques et toujours avec succès. Sans doute, c'est une œuvre de patience, mais dont on est largement dédommagé par le plaisir qu'on éprouve de mettre au jour un travail précieux, ignoré peut-être depuis des siècles.

Quant à badigeonner de nouveau, comme cela s'est vu, ces antiques peintures, c'est un acte de vandalisme ou d'ignorance, qu'un clergé instruit et ami des arts doit empêcher à tout prix, à une

(1) Il y a quelques années, au château de la Barre (Indre) appartenant à M. le comte de Bondy, on a aussi découvert dans une tourelle qui servait autrefois d'oratoire, de très curieuses peintures du moyen-âge parfaitement conservées et d'une vivacité de couleurs qu'on rencontre rarement à cette époque. J'ai eu l'honneur d'être admis deux fois par Mme la comtesse de Bondy, qui fait toujours avec tant de grâce, les honneurs de sa demeure seigneuriale, à visiter ces intéressantes peintures, et d'entendre de sa bouche des explications qui m'ont vivement intéressé. Ces fresques sont parfaitement à leur place, dans un château où le bon goût de ceux qui l'habitent, a su réunir un grand nombre d'objets d'art du plus grand prix.

époque où plus que jamais on sait apprécier leur valeur. Le temps n'est plus où il était permis de taxer de barbarie les œuvres du Moyen-Age, et il est démontré aujourd'hui que nos artistes modernes, les plus habiles, ne font que copier, d'une manière souvent imparfaite, les chefs-d'œuvres de nos pères dans l'art chrétien. C'est un premier pas de fait et qui empêchera bien des dévastations; mais ce n'est pas assez, et nous croyons que la science archéologique n'est pas suffisamment appréciée par ceux qui doivent être avant tout les conservateurs des monuments religieux. Il y a dans cette science, un vaste sujet d'études intéressantes qui doit conduire à toute une révélation du Moyen-Age et de la symbolique chrétienne.

Que de fautes seraient évitées dans la restauration des églises, si nous avions la clef de cet alphabet mystique, qu'ignore notre science profane. La restauration d'un édifice religieux est chose plus difficile qu'on ne pense, et les plus savants s'y trompent, parce qu'au Moyen-Age, les plus petits détails et les défauts apparents avaient leur raison d'être. (1) Voici pour preuve un fait

(1) Nous faisons des vœux, pour qu'à l'avenir les Comités diocèsains aient une action plus directe et une surveillance plus active sur les travaux des monuments, confiés souvent à des architectes qui n'ont pas les premières notions de l'art religieux, et encore

dont j'ai été témoin : Je visitais à Tours l'atelier des verriers qui restauraient les vitraux légendaires de saint-Gatien. L'artiste, un savant homme, me fit voir un panneau représentant le Christ ressuscité, armé de la croix avec laquelle il pénétre

moins du symbolisme chrétien. Demandez-en effet, à plusieurs de nos constructeurs de monuments religieux, pourquoi il y a toujours au chevet des églises du moyen-âge, trois baies ou une seule? pourquoi beaucoup d'églises sont inclinées vers le nord? pourquoi les gargouilles des tours et des toitures sont en si grand nombre et représentent des monstres hideux qu'on ne rencontre par dans l'intérieur des temples! Demandez-leur encore pourquoi les peintres et les verriers employaient dans les costumes de leurs personnages certaines couleurs qu'on retrouve partout. etc. Ils ne sauront que vous répondre, et peu soupçonneront du symbolisme dans tout cela. Il y en a cependant beaucoup. Ainsi une ou trois fenètres au chevet signifient un seul Dieu et trois personnes; la brisure de l'axe signifie l'inclinaison de la tète du Christ sur la Croix; les gargouilles représentent les démons et les puissances de l'air, Gog et Magog, ces légions infernales qui rôdent sans cesse autour de l'église de Jésus-Christ, mais qui ne peuvent y pénétrer, parceque l'entrée en est bien gardée... Demandez-encore à certains constructeurs pourquoi on rencontre de vastes églises comme celle de Preuilly en Toura'ne, qui ont un côté large et l'autre étroit, et pourquoi le côté étroit se trouve du côté de l'évangile et le large du côté de l'épitre? Ils vous diront que c'est un défaut de construction et une bizarrerie de l'architecte. Ils ne soupçonneront pas que c'est le symbole de la voie étroite et de la voie large dont parle Jésus-Chrits dans son évangile. La voie étroite conduit à Jésus pardonnant au bon larron qui était à sa droite, et aussi à son cœur percé de la lance. C'est pour cela qu'au moyen âge l'Eglise est toujours représentée sous la forme d'une reine couronnée, vêtue de rouge et recevant le sang de son Dieu, dans une coupe où doivent s'abreuver les élus qui auront suivi Jésus-Christ dans le chemin du calvaire. La voie large est celle suivie par la sinagogue stupide et par tous ceux qui marchent sur ses traces. Elle conduit au mauvais larron. C'est le chemin des ennemis de Dieu et des blasphémateurs de son Christ etc... Les architectes du moyen-âge n'étaient donc pas des gens bizarres ou ignorants, mais profondément pieux et savants, et qui savaient faire parler à nos temples un langage mystique inconnu de nos jours.

dans les lymbes pour y visiter les âmes des justes et leur annoncer leur prochaine délivrance. Une de ces portes renversées par terre, lui paraissait avoir été restaurée antérieurement d'une manière inintelligente, attendu qu'au milieu il y avait un verre d'une autre couleur formant une brisure apparente. Son intention était de l'enlever et de le remplacer par un verre de la même teinte que le reste de la porte. Voilà un bien léger et insignifiant détail en apparence. Or là précisément dans cette brisure était tout le symbolisme du sujet, et en le supprimant, le tableau n'avait plus de sens. Comme on me demandait mon avis, le hasard voulut que je me rappelai le panneau de Bourges qui représente le même sujet et où l'on remarque la même brisure. Il n'y avait pas à douter que les peintres verriers n'eussent obéi à une pensée commune, qui devait être une allusion au verset XVI du psaume de David, et aussi une représentation d'un passage de la légende dorée; et ma réponse fut celle-ci : gardez-vous bien de réparer la porte brisée, car là réside tout le mystère de l'apparition du Christ aux enfers. C'est avec sa croix qu'il a brisé et broyé les portes d'airain, « *Contrivit portas æreas, vectes ferreos confregit.* » (ps. CVI. ℣. XVI). L'artiste convaincu me dit alors : nous ne sommes que des ignorants à côté de nos pères. Il disait avec modestie une grande vérité. Assurément notre peintre n'avait jamais lu la légende dorée, qui emprunte le sujet de la descente du Sauveur aux enfers à l'évangile apocryphe de Nicomède, populaire en Occident dès le temps de Grégoire de Tours. (1) Ce récit commence au jour de la résurrection. On nous permettra de citer ce passage admirable, un de ceux qui a inspiré les artistes du moyen-âge. La nouvelle du prodige de la résurrection a mis Jérusalem en rumeur, et la synagogue en alarmes. Tandis que les princes des prêtres délibèrent, on introduit dans l'assemblée deux ressuscités, *Leucius* et *Carinus*, fils de Siméon; chacun d'eux se fit donner un livre, et ils écrivent ce qui suit : « Nous étions dans les ténèbres avec nos pères les Patriarches, quand tout à coup une lumière d'or et de pourpre, comme celle du soleil, nous illumina; et aussitôt le père du genre humain, Adam, tressaillit de joie et il dit : «Cette lumière est celle de l'auteur » de toute lumière, qui a promis de nous envoyer » son jour éternel. » Et Isaïe s'écria : « Cette lumière est celle du fils de Dieu, dont j'ai prophétisé » que le peuple qui marchait dans les ténèbres

(1) Legenda anrea, de memoriâ defunctorum, etc.

» verrait une grande lumière. » Et le vieillard Siméon survint, et avec lui Jean-Baptiste, et ils rendirent ce témoignage du Sauveur : l'un qu'il l'avait tenu dans ses bras, l'autre qu'il l'avait baptisé. En ce moment Seth se souvint qu'un jour il était allé aux portes du paradis terrestre demander « l'huile de miséricorde » pour oïndre Adam son père qui était malade ; et saint Michel, lui apparaissant, lui avait annoncé que l'huile de miséricorde ne serait donnée au monde qu'àprès cinq mille cinq-cents ans accomplis. Et, comme il se trouva que ce temps s'accomplissait à l'heure même, tous les patriarches frémirent d'allégresse. Alors Satan, le prince de la mort, dit à l'Enfer : « Prépare-toi à recevoir Jésus, qui se glorifiait » d'être le fils de Dieu, et qui n'est qu'un homme » craignant de mourir; car il a dit : « Mon âme » est triste jusqu'a la mort... » Voici que je l'ai » tenté; j'ai excité le peuple contre lui, j'ai aiguisé » la lance, mêlé le fiel et le vinaigre, préparé la » croix : le moment n'est pas loin où je l'amè» nerai captif. » Et l'Enfer demanda : « Est-ce » le même Jésus qui a ressuscité Lazare? » Et Satan répondit : « C'est lui-même. » Et l'Enfer s'écria : « Je te conjure par tes puissances et par » les miennes de ne pas m'amener cet homme;

» car lorsque j'ai entendu le commandement de
» sa parole, j'ai tremblé, et je n'ai pu retenir La-
» zare; mais se dégageant tout-à-coup, il a pris
» son essor comme l'aigle, et il s'est échappé. »
Or tandis que l'Enfer parlait de la sorte, une voix se fit entendre, pareille à celle du tonnerre, et elle disait : « Princes, ouvrez vos portes, levez-
» vous portes éternelles, et livrez entrée au Roi
» de Gloire. » A cette voix les démons coururent, et fermèrent les portes d'airain avec des barres de fer. Et David dit en les voyant : « J'ai prophé-
» tisé qu'il briserait les portes d'airain. » Et la voix recommença : « Ouvrez vos portes, et livrez
» entrée au Roi de Gloire.» L'Enfer, voyant qu'on avait crié deux fois, demanda : « Et qui est donc
» ce Roi de Gloire? » Et Daniel répondit : « Le
» Seigneur fort et puissant, le Seigneur fort dans
» le combat, c'est lui qu'on appelle le Roi de
« Gloire. » Comme il parlait encore, le Roi de Gloire parut, sa splendeur éclaira les limbes éternelles, et le Seigneur, étendant sa main et prenant la main droite d'Adam, « La paix, dit-il,
» soit avec toi et avec tous ceux de tes fils qui
» furent justes. » Et le Seigneur sortit des enfers, et tous les justes le suivirent.... etc.

Si nos artistes modernes, au lieu d'être souvent

de simples copistes, avaient, comme leurs devanciers du moyen-âge, la science de la bible et des Pères de l'Église, ils ne seraient pas arrêtés à chaque pas.

Ceci me rappelle encore l'embarras d'une caravane de touristes avec laquelle je visitais la vaste église de Notre-Dame à Anvers. Tout le monde s'extasiait devant un bas-relief en marbre blanc de Carare, qui représentait un bel enfant foulant la vendange dans un pressoir. Il paraissait pousser la barre avec une peine infinie et implorer vainement du secours. On l'aimait cet enfant, tant il était bon et affectueux. On eut voulu pouvoir l'aider, tant il paraissait se fatiguer. Chacun de chercher alors une explication. Elle était facile pourtant, et je puis dire que de ma vie je n'ai rien trouvé d'aussi ingénieux pour faire aimer Jésus souffrant et mourant pour les siens. Oui, c'était là le divin crucifié, cet innocent agneau qui semblait dire à tous : *Torcular calcavi solus, et de gentibus non est vir mecum.* (*Isaïe* Chap. 63 ℣ 3). Je l'ai foulé tout seul, le pressoir, et personne n'est venu à mon aide.

Le Moyen-Age pouvait-il trouver un plus gracieux symbole, pour nous faire aimer notre rédempteur.

CONCLUSION.

Payons, en terminant, un juste tribut d'éloges à ceux, qui dans notre pays, consacrent leur fortune, leur talent ou leur zèle à la décoration des édifices religieux. Dans le Berry, si riche en monuments de toutes les époques, un grand pas a été fait dans cette voie, il faut en convenir. Sans doute nous n'avons pas vu se produire encore des œuvres aussi grandioses et aussi considérables que celles de la Sainte-Chapelle, de Saint-Vincent de Paul, de Saint-Germain des Près à Paris; de Notre-Dame la Grande à Poitiers, où des artistes tels que Flandrin ont fait briller tout leur talent : mais quoique plus modestes et moins couteuses, les décorations Berrugères accusent un noble élan et un retour sincère vers les anciennes traditions Nous citerons en passant, au risque de blesser la modestie de quelques amis, les peintures murales de Dun-le-Roi et de Montierchaume dues au pinceau de MM. Guitton et de Busserolle; celles de Saint-Florent et de Saint-Etienne de Bourges, de M. Dumoutet; de Douadic de M. Voisin; celles de Thaumiers, exécutées sur les cartons de M. Anastasie; celles de Notre-Dame de Touvent; enfin les riches peintures de Charly, Neuilly-en-Dun et Bessais executées dans ces derniers temps par un ancien élève de Vinchon, le décorateur de Saint-Sulpice de Paris, M. Lescalier de Bourges, peintre aussi consciencieux que modeste.

Sans doute dans ces essais généreux, on n'a pas atteint partout la perfection de l'art chrétien; nous convenons même qu'il a été commis des fautes; mais Cinabuë, Giotto, et Fra-Angélico avaient préparé les voies au siècle de Léon X, et nos artistes Berrugers n'ont pas, que je sache, la prétention d'être des Michel-Ange, ni des Raphaël.

29 février 1868.

P. M. LENOIR, *Chanoine-honoraire.*

Membre de la Société française d'archéologie.

APPENDICE.

La restauration des fresques de l'église de Charly était déjà commencée, lorsque nous présentions, le 9 mars 1868, le mémoire qu'on vient de lire, à la réunion des antiquaires du centre, et des membres de la Société française d'archéologie, convoqués à Bourges par M. de Caumont. Nous sommes heureux d'annoncer à nos lecteurs que ce travail vient enfin d'être terminé. Cette œuvre minutieuse a été surveillée avec le plus grand soin et achevée avec succès. Toutes les pages de l'Apocalypse qui avaient été détruites par le temps ou par la main des hommes, ont repris leur place, et en visitant aujourd'hui l'église romane de Charly, on se retrouve en plein XIIe siécle.

Voici les tableaux qui viennent complèter l'ancienne fresque : Au dessous de la coupole qui sert d'auréole à l'agneau divin, on remarque, la légion des justes de l'Ancien et du Nouveau Testament, représentée par les personnages qui suivent : à droite du côté de l'épître, Abel le juste, portant sur une tablette un agneau, emblême de de sa douceur et des présents qu'il aimait à offrir à Dieu ; Melchisédeck vêtu du costume sacerdo-.tal et tenant dans ses mains le pain et le calice, emblêmes du sacrifice Eucharistique ; Abraham, le père des croyants ; Moïse, le législateur, portant sur sa poitrine les tables de la loi ; le roi David appuyé sur la harpe avec laquelle il accompagnait le chant de ses mystérieux cantiques ; Isaïe, le prophète des divines promesses, annonçant la conception miraculeuse de la Vierge bénie, qui devait donner au monde l'Emmanuël ; enfin Daniel, le prophète de la mort du Sauveur et de la réprobation du peuple Juif.

Du côté de l'évangile, et en face de la galerie des Saints de l'Ancien Testament. nous voyons paraître saint Jean-Baptiste, le précurseur du Messie et le prédicateur de la pénitence ; saint Pierre, le chef du collège apostolique ; saint Etienne le premier des martyrs ; saint Ursin, archevêque de Bourges et apôtre du Berry; saint Benoît le père de la grande famille monacale en Occident: saint Charlemagne l'organisateur de l'Europe, à laquelle il donna ses sages constitutions; enfin sainte Solange, la fleur des vierges martyres et la patrone des Berruyers.

Dans le tympan qui se trouve adossé au clocher et en regard de l'autel, on a représenté les sept anges qui se tiennent devant le trône de Dieu, se disposant à sonner des sept trompettes.

Près d'eux un autre ange dépose sur l'autel un encensoir d'or, duquel s'échappe comme un épais nuage, la fumée des parfums composés des prières des Saints. Ce tableau est la reproduction des passages suivants de l'Apocalypse :

Chap. VIII. v. 1. « Lorsque l'Agneau eut ouvert le septième sceau, il se fit un silence d'environ une demi-heure. »

2. « Et je vis les sept anges qui se tiennent devant Dieu, et sept trompettes leur furent données. »

3. « Alors il vint un autre ange, qui se tint devant l'autel, ayant un encensoir d'or, et on lui donna une grande quantité de parfums composés des prières de tous les Saints, pour les offrir sur l'autel d'or qui est devant le trône de Dieu. »

4. « Et la fumée des parfums composés des prières des Saints, s'élevant de la main de l'ange, monta devant Dieu. »

Dans le sanctuaire, sur la paroi des murs, au dessous de la voûte, deux tableaux représentent les passages suivants du CHAP. XII de l'Apocalypse :

1. « Il parut encore un grand prodige dans le ciel : c'était une femme revêtue du soleil, qui avait la lune sous les pieds, et sur la tête une couronne de douze étoiles : »

2. « Elle était enceinte, et elle criait, étant en travail et sentant les douleurs de l'enfantement. »

3. « Un autre prodige parut aussi dans le ciel ; c'était un grand dragon roux, qui avait sept têtes et dix cornes, et sept diadêmes sur ses sept têtes. »

4. « Il entraînait avec sa queue la troisième partie des étoiles du ciel, et il les fit tomber sur la terre. Ce dragon s'arrêta devant la femme qui devait enfanter, afin que lorsqu'elle aurait enfanté, il put dévorer son fils. »

5. « Et elle mit au monde un enfant mâle, qui devait gouverner toutes les nations avec un sceptre de fer, et son fils fut enlevé vers Dieu et vers son trône. »

6. « Et la femme s'enfuit dans le désert, où

elle avait un lieu de retraite que Dieu lui avait préparé. »

7. « Alors il y eût un grand combat dans le ciel. Michel et ses anges combattirent contre le dragon, et le dragon avec ses anges combattirent contre lui. »

8. « Mais ceux-ci furent les plus faibles ; et leur place ne se trouva plus dans le ciel. »

13. « Le dragon se voyant donc précipité en terre, poursuivit la femme qui avait mis au monde l'enfant mâle. »

14. « Mais on donna à la femme deux ailes d'un grand aigle, afin qu'elle s'envolât dans le désert au lieu de sa retraite, où elle devait être nourrie un temps, des temps, et la moitié d'un temps, hors de la présence du serpent. »

15. « Alors le serpent jeta de sa gueule après la femme une quantité d'eau semblable à un fleuve, afin que ce fleuve l'entraînât. »

16. « Mais la terre secourut la femme, et ayant ouvert son sein, elle engloutit le fleuve que le dragon avait vomi de sa gueule. »

17. « Le dragon alors irrité contre la femme, alla faire la guerre à ses autres enfants, qui gardaient les commandements de Dieu, et qui demeuraient fermes dans la confession de Jésus Christ. »

Ces deux derniers tableaux, sont une reproduction exacte des fresques de Saint-Savin en Poitou, publiées par M. Mérimée en 1845.

Dans le chœur, au-dessus des stalles, et sous la galerie des saints de l'Ancien et du Nouveau Testament, on a peint dans les angles formés par les arcatures qui donnent entrée dans les chapelles, quatre tableaux qui viennent compléter cette série de sujets apocalyptiques. Ces sujets sont empruntés aux chapitres suivants du livre des visions de l'apôtre saint Jean.

PREMIER TABLEAU.

Chap XIX. v. 1. « Après cela j'entendis un grand bruit dans le ciel : c'était la voix d'une troupe nombreuse qui disait : Alleluia, le salut, la gloire, l'honneur et la puissance appartiennent au Seigneur notre Dieu. »

SECOND TABLEAU.

V. 9. « Alors l'ange me dit : écrivez ; bienheureux ceux qui ont été appelés au souper des noces de l'agneau. Et l'ange ajouta : Ces paroles de Dieu sont véritables. »

TROISIÈME TABLEAU.

Chap. xx. v. 1. « Je vis encore un ange qui descendit du ciel, ayant la clef de l'abîme, et une grande chaîne à la main. »

2. « Il prit le dragon, l'ancien serpent, qui est le diable et satan, l'enchaîna pour mille ans. »

3. « Et l'ayant jeté dans l'abîme, il l'y renferma, et mit un sceau sur lui, afin qu'il ne séduisit plus les nations, jusqu'à ce que les mille ans fussent accomplis; après quoi il doit être délié pour un peu de temps. »

QUATRIÈME TABLEAU.

Chap. xxi. v. 9. « Alors un des sept anges qui avaient reçu les sept coupes pleines des sept dernières plaies, vint à moi et me parla, en disant : venez, et je vous montrerai l'épouse, qui a l'agneau pour époux. »

10. « Et il me transporta en esprit sur une grande et haute montagne, et il me montra la grande cité, la sainte Jérusalem, qui descendait du ciel venant de Dieu. »

12. « Elle avait une grande et haute muraille, douze portes et douze anges, un à chaque porte :

où il y avait aussi des noms écrits, qui étaient les noms des douze tribus d'Israël. »

13. « Il y avait trois portes à l'orient, trois au septentrion, trois au midi et trois à l'occident. »

15. « Celui qui me parlait avait une canne d'or pour mesurer la ville, ses portes et sa muraille. »

16. « Or la ville était bâtie en quarré, était aussi longue que large. Il mesura la ville avec sa canne d'or, et il la trouva de douze mille stades : et sa longueur, sa largeur et sa hauteur sont égales. »

23. « Et cette ville n'a pas besoin d'être éclairée par le soleil ou par la lune, paree que la gloire de Dieu l'éclaire, et que l'agneau en est la lumière. »

Ici se terminent, dans la fresque de Charly, les sujets tirés de l'apocalypse.

Quant aux douze signes du zodiaque représentés sur les arceaux qui supportent la voûte du chœur, ils sont à peu près les mêmes que ceux que nous retrouvons partout dans les monuments du Moyen-Age, comme à Bourges au portail de Saint-Ursin, à Sens, à Pritz et ailleurs.

Janvier est indiqué par un homme qui se chauffe tout en paraissant méditer.

Février, par un étudiant assis près du feu.

Mars, par un vigneron qui taille sa vigne.

Avril, par un laboureur qui se repose près de sa charrue.

Mai, par un homme qui tient à la main des branches de fleurs et se livre à la joie.

Juin, par un homme à cheval armé d'un volant ou sape.

Juillet, par un moissonneur.

Août, par un homme qui bat son blé.

Septembre par une vendangeuse qui récolte le raisin.

Octobre, par un semeur qui sème son blé dans le sillon.

Novembre, par un bûcheron qui abat un arbre.

Décembre, par un homme tuant un porc.

Nous ne disons rien de la riche décoration des colonnes, des chapiteaux et des arcatures qui encadrent les verrières et les tableaux dont nous avons donné la description ; l'artiste n'a fait que reproduire les dessins antiques dont il restait encore des traces, et là où elles manquaient, il s'est inspiré des modèles de la même époque. La partie inférieure du sanctuaire est recouverte dans son pourtour d'une draperie, qui encadre avec avantage l'autel majeur, et fait singulièrement ressortir les mille détails de sa sculpture.

DES FRESQUES DE L'ÉGLISE DE CHALIVOY-MILON.

En terminant ce modeste travail, nous ne saurions résister au désir de dire un mot sur les fresques de l'église de Chalivoy-Milon. Là aussi, de curieuses découvertes ont été faites pendant l'année 1868. Sans doute une partie de ces peintures, qui appartiennent presque toutes au douzième siècle, se trouve dans un état de dégradation qui rend la restauration difficile, pour ne pas dire impossible ; mais un grand nombre de sujets sont encore dans un état de conservation très satisfaisant. La composition la plus considérable se trouve dans la voûte du chœur. Au centre et dans une auréole ronde formée de rayons prismatiques, on voit l'agneau portant sa croix. Cette peinture a beaucoup de ressemblance avec la fresque de Charly. On dirait le même dessin transporté peut-être à Chalivoy par le même artiste. Une grande croix rouge enrichie de mosaïques, divise la courbe de la voûte en quatre parties égales. Autour des bras de la croix on compte trente-deux médaillons, dans lesquels l'artiste a peint les vierges et les martyrs. Tous ont le front ceint de couronnes antiques parfaitement semblables, quant à la forme, à celles qu'on retrouve dans les fresques de Saint-Savin. Les martyrs tiennent la palme dans la main droite. Il y a sûrement là une allusion au chapitre VII de l'apocalypse, et nous retrouvons bien là encore, comme dans la fresque de Charly, ceux qui se tiennent debout devant l'agneau, vêtus de robes blanches et portant des palmes dans leurs mains. Viennent ensuite les douze apôtres debout sous des arcatures supportées par de grâcieuses colonnes. Enfin dans la partie inférieure de la voûte, quatre grands tableaux représentent J.-C. suivi de ses apôtres ressuscitant Lazare ; l'entrée du Sauveur à Jérusalem ; les vendeurs chassés du temple ; et la décollation de St-Jean-Baptiste.

Sur la paroi des murailles du chœur, l'artiste a aussi peint d'autres sujets tous tirés de l'Evangile de saint Jean. Les principaux sont : la fuite en Egypte, l'ordre donné par Hérode à ses soldats d'aller massacrer les enfants de Bethléhem ; le massacre de ces innocentes victimes et la douleur de leurs mères, etc.

Dans le sanctuaire, du côté de l'épître, une fresque, remarquable pour l'époque, représente l'agonie de Notre-Seigneur au jardin des Oliviers, et la trahison de Judas. Les autres fresques de l'abside ont péri, et il n'en reste que quelques fragments.

Dans la nef on a mis aussi à découvert de curieuses peintures, grâce au zèle infatigable du pasteur de la paroisse, qui a pris la peine d'enlever lui-même le badigeon qui les recouvrait. On y trouve la légende populaire de St-Eloi, maréchal, maître par-dessus tous les maîtres, et la leçon d'humilité que lui donne son compagnon mystérieux. Celui-ci, qui n'est autre que J.-C. coupe les jambes du cheval pour le ferrer plus à son aise, à la grande stupéfaction d'Eloi ; puis remettant chaque pied à sa place, il bénit le fougueux coursier qui se dispose à trotter plus fort que jamais.

On a aussi retrouvé un St-Roch avec son chien. Au-dessus on remarque les armoiries de la famille des de la Porte Yssertyeux et le nom du saint écrit ainsi qu'il suit : St-Rot. Après St-Roch vient St-Phélippe ou Philippe, puis enfin un St-Robert.

Mais la découverte la plus curieuse de la nef de Chalivoy est une immense mappemonde d'environ six mètres de diamètre, peinte sur la muraille de droite en avant du clocher. L'artiste a tracé là en abrégé l'histoire des générations humaines depuis Adam, et de leurs pérégrinations sur la terre. En beaucoup d'endroits les souvenirs mythologiques sont mêlés aux souvenirs bibliques, ce qui rend ce travail fort curieux.

Au sommet du globe, le Créateur forme le premier couple de l'espèce humaine, et lui donne l'empire sur les animaux rangés en grand nombre à sa droite. Devant Dieu l'arbre de vie étend ses rameaux verdoyants. De ses racines jaillissent les quatre sources, qui forment bientôt les quatre fleuves qui doivent arroser l'Eden. Mais déjà l'esprit infernal a séduit la femme. Nous la voyons fuir la face de son créateur, et nous apparaître sous la forme d'un corps dont le chef a disparu.

Adam son complice la suit par derrière. On reconnaît bien encore en lui le corps humain ; mais la tête est devenue celle d'un animal immonde. Sans doute que sous ces formes hideuses, le peintre a voulu inspirer aux fidèles l'horreur du péché de nos premiers pères, et leur faire apprécier le grand bienfait de la rédemption.

Sur les bords des fleuves dont les noms peuvent encore se lire, on voit des villes crénelées, et des hommes portant les costumes attribués aux anciens peuples. Près d'eux on a représenté les animaux des différentes zônes, et en particulier la sirène, le crocodille, etc., etc. On lit encore les noms de plusieurs villes, comme Babilonia sur les bords de l'Euphrate, Hippoton ou Hippos sur les rives du Jourdain, etc. Le globe est entouré des divers océans dont les noms ont fini par s'effacer. On distingue cependant encore celui-ci : Oceanus Egyptiacus. Parmi les nombreux personnages qui figurent sur cette mappemonde, l'un d'eux se fait remarquer par sa taille colossale. Il est armé de ses flèches et de sa lance. On reconnaît là Nemrod, ce géant qui fut chasseur devant le Seigneur, comme le dit l'Ecriture sainte.

Nous ne saurions décrire dans tous ses détails cette curieuse peinture, dont la partie inférieure a été détruite. Nous la regardons comme un monument unique dans son genre, et nous ne connaissons rien qui puisse lui être comparé, même de loin, si ce n'est les antiques tapisseries qui décorent la partie septentrionale de la cathédrale de Beauvais.

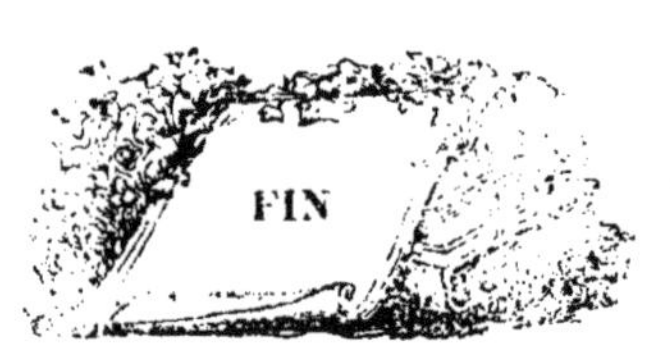

Bourges, imp MARGUERITH-DUPRÉ.

OUVRAGES RELATIFS AU BERRY ET AUTRES

QUI SE TROUVENT A LA LIBRAIRIE

JUST-BERNARD

LIBRAIRE-ÉDITEUR.

Rue Cour-Sarlon, N° 22, à Bourges.

HISTOIRE DU BERRY, par Jehan Chaumeau, seigneur de Lassay, Léon-Antoine Gryphius, 1666, petit in-folio vélin. — (Ce livre est orné de 2 planches, donnant les plans anciens de la ville de Bourges et d'un certain nombre de blasons gravés sur bois, des échevins de la ville.

NOUVELLE HISTOIRE DU BERRY, contenant son origine et ses antiquités, etc., par Pallet, avocat au Parlement. — Paris et Bourges, 1783-1785. 5 vol. in-8°, broché.

HISTOIRE MONÉTAIRE ET PHILOLOGIQUE du Berry, par Pierquin de Gembloux, Bourges, Just-Bernard, 1840.

In-4° de 238 pages et 17 planches. Prix net, 15 fr.

Reste peu d'exemplaires.

NOTICES PITTORESQUES sur les Antiquités et les Monuments du Berry, par Hazé, peintre, conservateur des Monuments du département du Cher, Bourges, Just-Bernard, éditeur, 1834.

In-4°, 60 pages de texte, et 59 planches :

Savoir : Ruines de Drevant, 9 pl.; Hôtel Jacques-Cœur, 30 pl.; Sainte-Chapelle et tombeau du Duc Jean, 20 pl. Prix net, 15 fr.

Reste peu d'exemplaires.

(Nouveaux commentaires sur les coutumes générales des pays et duché du Berri, par Gaspard, Thomas, de la Thomassières; nouvelle édition in-folio, rel. — Bourges, 1701, et autres éditions).

GLOSSAIRE DU CENTRE DE LA FRANCE, par M. le comte Jaubert, ancien député du Cher, avec les armes de la ville de Bourges, 2 vol. g^d in-8°, broch. Impr. de Napoléon-Chaix et Cie. Net, 14 fr.

NOELS anciens et nouveaux chantés dans le Berry, 3me édition, avec table. 1 vol. in-12, 1 fr. — Bourges, 1862. E. Just-Bernard, éditeur.

(Notices historiques, archéologiques et philologiques sur Bourges et le département du Cher, par Pierquin de Gembloux, inspecteur de l'académie de Bourges. 1 vol. in-8° de 520 pages. — Bourges, Just-Bernard, 1840. 7 fr.

Notices sur les murs d'enceinte de la ville de Bourges, d'après les manuscrits du vicomte de Barral, ancien préfet du département du Cher, par M. Octave de Barral, avec des planches pour l'intelligence du texte. Volume grand in-8° mince. — Bourges. 1852. 5 fr.

HISTOIRE DU BERRY, abrégé dans l'éloge Panégyryque de la ville de Bourges, capitale dudit pays, par le P. Philippe, Labbé de la Cie de Jésus. 1 vol. in-12, rel.

CHEVALIERS DE L'ORDRE DE NOTRE-DAME de la table ronde de Bourges, par J.-P. Chevalier de St-Amand. 1 broch. in-8°, 1837, 3 fr.

Presque épuisé.

ALBUM HISTORIQUE ET MONUMENTAL du département du Cher, dessins et lithographies par Hazé. 7 liv. in-4°, 14 planches et texte. — Bourges, E. Just-Bernard, éditeur, 1845, 7 fr. (*Inachevé.*)

HISTOIRE DE JEANNE DE VALOIS, duchesse d'Orléans et de Berry, reine de France et fondatrice de l'ordre des Annonciades, édition unique tirée à 500 exempl., par Pierquin de Gembloux, Bourges, 1840.

In-4°, texte encadré avec 2 portraits, fac-simile et planches.

DESCRIPTION HISTORIQUE ET MONUMENTALE de l'église patriarcale, primatiale et métropolitaine de Bourges (ornée de gravures), par M. J. L. Romelot, chanoine de cette église, édition orig. — Bourges, 1824. 1 vol. in-8°, broché, 5 fr.

Il reste peu d'exemplaires.

GRAND ALBUM IN-FOLIO DE LA CATHÉDRALE de Bourges, par Hazé, 5 planches lith. et couverture lith. chez Lemercier de Paris, 5 fr. — Bourges, 1850.

Une façade géométrale de la Cathédrale de Bourges, sur grand aigle, dessinée et gravée par Hazé, 6 fr. au lieu de 12 fr.

VITRAUX PEINTS de St-Étienne de Bourges. — Recherches détachées d'une monographie de cette cathédrale, par MM. Arthur Martin et Charles Cahier, prêtres, gd in-plano, avec toutes les planches en couleur et texte, imprimerie Firmin Didot frères. — Paris, 1841.

LE MÊME OUVRAGE, le texte seul, avec une planche d'ensemble, cartonné.

(Grand plan de la ville de Bourges, sur grand aigle, par M. de Panette, 6 fr.)

Presque épuisé.

ANNUAIRE-INDICATEUR des adresses de Bourges et du département du Cher : 1° par ordre alphabétique ; 2° par administrations et par professions : 3° par rues et numéros, 1863, 1864 et 1865, publié par feu L. Santique. — Bourges, Just-Bernard. 3 volumes grand in-18 : ensemble, 3 fr., isolé 2 fr.

(Avant peu cette collection curieuse par ses constatations et ses détails sera fort recherchée pour servir à l'histoire locale.)

Les 3 Cartes du Cher, par M. Leudière de Longchamp, géomètre en chef du cadastre du Cher: 1° grande murale ; 2° moyenne ; 3° et petite, à 15 fr., 6 fr. et 1 fr. vol. en feuille, le montage se paie en dehors du prix.

Poésies françaises inédites du P. Bongeant, jésuite, 1859, avec une notice, par Pierquin de Gembloux, petit vol. in-32, br. 1 fr. 50 c. ; édition unique tirée à 100.

Fables, par Théophile Duchapt, 1 beau vol. in-12. — Bourges, 1860. Just-Bernard, éditeur. Prix, 3 fr. 50 c.

Études et recherches historiques sur les Monnaies de France, par M. Berry, conseiller à la Cour impériale de Bourges. — Bourges, 1853. 2 forts vol. in-8°, et deux atlas in-8°.

Reste très-peu d'exemplaires.

Études littéraires sur le génie et les écrits du cardinal de Retz, par A. Buhot de Kersers, ancien élève de l'école Polytechnique. — Bourges, 1862, grand in-8° mince. Just-Bernard, éditeur. Prix, 2 fr. 50 c.

Le Chateau de Brosse (Indre). Chronique féodale. — La comtesse Almadis, par Elie de Beaufort, docteur-médecin. Bourges, 1861. Just-Bernard, édit., br., in-8°. 2 fr. 50, etc., etc., etc.

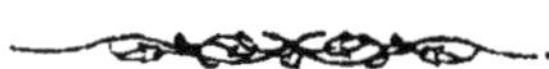

Bourges, imp. Marguerith-Dupré.

www.ingramcontent.com/pod-product-compliance
Ingram Content Group UK Ltd.
Pitfield, Milton Keynes, MK11 3LW, UK
UKHW020334180726
13839UKWH00002B/709

9 782329 491080